Liebe Leserin, lieber Leser,

mit diesem Buch haben Sie einen guten Griff getan! Denn egal, was Sie vorhaben – ob Sie modernisieren oder verschönern, ob Sie reparieren oder ein eigenes Möbelstück bauen möchten –, jetzt kann nichts mehr schiefgehen. Die Fachautoren von Europas auflagenstärkstem Do-it-yourself-Magazin „SelberMachen" präsentieren Ihnen Heimwerken auf dem neuesten Stand. Schritt für Schritt werden sämtliche Handgriffe und kleinen Tricks erklärt. Alles, was wir Ihnen hier zeigen, ist vielfach und ausführlich in den Werkstätten von „SelberMachen" getestet und erprobt worden. Wir wünschen Ihnen viel Freude und Erfolg bei all Ihren Selbermacher-Plänen!

Erika Heide

Holzbauten im Garten

Carport, Pergola, Gerätehaus

rororo selber machen

rororo selbermachen
herausgegeben von Wolf Dietrich Laatzen

Die Reihe rororo selbermachen wird produziert von der Redaktion der Zeitschrift SelberMachen, Jahreszeiten-Verlag, Hamburg

Autor und Verlag bedanken sich bei allen, die technische Informationen, Fotos und fachlichen Rat beigesteuert haben, für die freundliche Unterstützung bei der Entstehung dieses Buchs.

Originalausgabe
Veröffentlicht im Rowohlt Taschenbuch Verlag GmbH,
Reinbek bei Hamburg, April 1997

Layout Simone Sander
Umschlaggestaltung Walter Hellmann
(Foto Marco Moog)
Lithographie Alphabeta Druckformdienst GmbH, Hamburg
Satz PostScript Sabon und Frutiger auf
Apple Macintosh, QuarkXPress 3.31
Gesamtherstellung Clausen & Bosse, Leck
Printed in Germany
1990-ISBN 3 499 60310 1

Inhalt

Von Carport bis Sitzplatz:

Bausätze, Fertigelemente und ein Riesenangebot an Gartenholz machen selbst Anfängern das Bauen mit Holz leicht. Ideen dafür gibt es in Hülle und Fülle.

Was schwierig aussieht, ist eigentlich ganz einfach: Der Carport mit Stauraum für Gartengeräte oder Fahrräder ist an einem Wochenende aufgebaut, ebenso die Pergola rund um den Sitzplatz oder der Sichtschutz an der Grundstücksgrenze, der mit Kletterpflanzen schön begrünt werden kann. Mehr als ein guter Spaten, eine Bohrmaschine und ein paar Handwerkzeuge sind dabei nicht nötig. Und da selbst Bausätze meist nach Rastermaß konzipiert sind, läßt sich alles ganz nach Wunsch abwandeln.

Schönes aus Holz

*Der beste Platz fürs
Auto ist ein Carport. Sehr praktisch: der
verschließbare Stauraum für Gartengeräte.*

Viel Platz für **Pflanzen** an den Wänden, auf

Die Sichtschutzwand aus Fertigelementen spart im kleinen Garten viel Raum.

Der Sitzplatz mit Windschutz und leichtem Dach wird zum vielgenutzten Wohnraum im Grünen.

Ein Holzhaus wird im Sommer zum zweiten Zuhause. Grasdach und Kletterpflanzen schaffen die Verbindung zum Garten.

Gemütliche **Sitzecken,** praktische Anbauten,

Windstill und schön versteckt ist der kleine Sitzplatz vor der Holzwand. Alle Teile müssen nur montiert werden, denn sie sind fix und fertig vorbereitet.

Kaminholz muß trocken und luftig nah am Haus gelagert werden. Ideal dafür ist der angelehnte Anbau, der leicht selbst zu bauen ist. So groß oder so klein, wie es der Platz erlaubt.

Ein Sitzplatz mit überdachter Ecke in einer sonnigen Gartenecke kann die Alternative oder ein sehr guter Ersatz für eine Terrasse am Haus sein.

Der selbstgebaute Pavillon mitten im Grünen bietet an schönen Tagen Schutz vor zuviel Sonne. Aber auch wenn mal der Regen auf das helle Dach prasselt, ist der geschützte Platz reizvoll und gut zu nutzen.

Konstruktionsholz,

Palisaden werden zu einem Drittel der Länge direkt in die Erde eingesetzt. Halbrunde Rollpalisaden sind mit zwei Drähten verbunden.

Palisaden und Schwellen

Die große Auswahl an speziellen Gartenhölzern in verschiedenen Dimensionen erleichtert den Bau von Treppen, Beeteinfassungen oder Terrassen.

Mit Palisaden oder Schwellen, die für Beeteinfassungen oder den Bau von Treppen gebraucht werden, Konstruktionshölzern für Pergola, Terrasse, Carport oder Sichtschutzwände sowie Leimholz für Konstruktionen, an die in bezug auf Spannweite und Tragfähigkeit höhere Ansprüche gestellt werden, stehen sehr viele unterschiedliche, gut vorbereitete, meist druckimprägnierte Gartenhölzer zur Verfügung.

Palisaden sind aus einem Stamm gefräst und haben oben und unten angefaste Kanten. Material ist meist Kiefern- oder Fichtenholz. Verwendet werden sie für Beeteinfassungen, Hangabstützungen und Sicht- oder Schallschutzwände. Sie sind in Stärken von 8, 9, 10, 12, 15 und 20 cm und Längen von 40, 50, 60, 80, 100, 120, 140, 160, 180, 200, 250, 300, 350, 400 und 500 cm zu bekommen. Außerdem gibt es halbrunde Palisaden mit 10 cm Stärke und 50 cm Länge.

Große Kanthölzer, die auf Grund ihres Eigengewichts sicher liegen und als Treppen zu verwenden sind, werden als Schwellen bezeichnet. Sie sollten immer auf einem Kiesbett verlegt und durch vorgesetzte Posten gesichert werden, wenn mehr als drei Stücke aufeinandergestapelt werden. Material ist Kiefer, Fichte, Lärche oder Bongossiholz. Die Maße: 10 × 20, 12 × 24, 13 × 16, 14 × 24, 15 × 20 und 16 × 26 cm. Die Längen liegen in der Regel bei 215 bzw. 250 cm.

Schwellen mit quadratischem oder rechteckigem Querschnitt sind als Stufen, Böschungsbefestigung oder Lagerhölzer geeignet.

Bretter, Planken und Dielen sind vielseitig verwendbare Konstruktionshölzer. Sie brauchen immer eine stabile Unterkonstruktion.

Leimholz ist wasserfest verleimt und maßhaltig. Waagerecht verbaut, tragen sie besser bei hochkant stehenden Brettschichten.

Profilpfosten und genutete Ständer nehmen Profilbretter oder Zaunelemente auf. Die Pfosten können aus dem vollen Holz gearbeitet oder aus mehreren Teilen zusammengeleimt und daher verzugsfrei sein. Auf ihre Stabilität hat das keinen negativen Einfluß.

Hölzer mit Profil und Nuten

Für alle Bauten im Garten vom Gerätehaus bis zur Brücke gibt es vorgefertigte Hölzer. Besonders groß ist die Vielfalt bei Ständern und Pfosten, die meist aus Kiefer, Fichte oder Lärche sind. Sie haben Querschnitte von 9 × 9 oder 11 × 11 cm und Längen von 200, 240 oder 300 cm. Außerdem gibt es viele Sondermaße.
Bretter, Planken und Bohlen aus Kiefer, Fichte oder Eiche sind sägerauh, glatt, gefast, profiliert oder halbrund sowie mit Nut und Feder zu haben. Bodenbretter sollten immer geriffelt sein. Gebräuchlich sind Querschnitte von 2,4 × 10 bis 3 × 20 cm und Längen von 400 cm.
Für relativ leichte Konstruktionen und große Spannweiten nimmt man Leimholz. Es gibt Pfosten mit 9 × 9 und 11,5 × 11,5 cm. Die Längen liegen bei 300 und 400 cm. Leimholzbalken gibt es mit Querschnitten von 6 × 16,2 sowie 9 × 19,5 cm und Längen von 400, 500 und 600 cm. Sondermaße sind möglich.

Grundwissen: das

richtige Holz für den Garten

Die Auswahl an Hölzern für Zäune, Pergolen oder Terrassen wird immer größer. So unterschiedlich wie die Preise sind auch die Eigenschaften der Holzarten.

Alle für den Garten angebotenen Hölzer stammen von Nadelbäumen. Grund dafür ist nicht nur die Tatsache, daß diese Bäume sehr robust und ebenmäßig in der Struktur sind, sie wachsen auch schnell und können deshalb preiswerter in den Handel kommen als Laubhölzer.
Als Gartenholz werden Kiefer, Fichte, Lärche und Western Red Cedar angeboten. Kiefer, das am meisten verwendete Nutzholz, hat eine feinfaserige Zellstruktur und enthält sehr viel Harz, das über Jahre aus angeschnittenen Harzkanälen austreten kann. Es ist relativ preiswert, aber unbehandelt kaum für den Außenbereich zu verwenden. Ähnliches gilt für Fichtenholz, das fester, aber bei weitem nicht so harzhaltig ist wie Kiefer. Wegen seiner Elastizität, Tragfähigkeit und Leichtigkeit ist es als Bauholz sehr gut geeignet. Western Red Cedar wird erst seit einigen Jahren angeboten, hat aber bereits einen festen Platz erobert. Sein größter Vorzug: Es braucht dank seiner natürlichen, imprägnierenden Inhaltsstoffe keinerlei Schutz gegen Wetter oder Holzschädlinge. Wird es richtig (d. h. ohne Erdkontakt) verbaut, hält es konkurrenzlos lange. Allerdings ist das edle Holz recht teuer. Nicht ganz so widerstandsfähig, aber ebenfalls durch natürliche Imprägnierung geschützt ist das preiswertere Lärchenholz, das früher für Bootsbeplankungen verwendet wurde und neuerdings auch als Gartenholz zu bekommen ist.

Fichte: leicht, sehr fest und gut zu bearbeiten. Das Holz braucht eine Imprägnierung.

Kiefer: je nach Herkunft fein bis grob in der Struktur, braucht eine Imprägnierung.

Lärche: sehr hart und dauerhaft. Das Holz enthält natürliche fäulnishemmende Stoffe.

Western Red Cedar: leicht, weich und gut zu bearbeiten. Braucht keinen Schutz.

Tauchimprägnierung: Schnittholzbündel werden für mehrere Stunden in die Tränkanlage getaucht. Dadurch dringen die Imprägniersalze einige Millimeter tief ins Holz ein. Der Schutz reicht für wenig strapazierte Bauteile.

Druckimprägnierung: In Kessel- bzw. Wechseldruckanlagen werden Imprägniersalze mehrere Zentimeter tief ins Holz gedrückt. Diese Technik ist die wirksamste, um dauerhaften Schutz zu garantieren.

Schutz für Kiefer und Fichte

Kiefern- oder Fichtenholz, das im Garten verwendet werden soll, braucht einen dauerhaften Schutz gegen Feuchtigkeit und Fäulnis. Mit einem Anstrich ist es in vielen Fällen nicht getan, denn damit wird nur die Oberfläche geschützt. Sehr viel wirksamer ist eine Druckimprägnierung mit Holzschutzmitteln. Sie bietet auch stark strapazierten Bauteilen einen langanhaltenden Schutz. Viele Hersteller von druckimprägnierten Gartenhölzern geben sogar Haltbarkeitsgarantien.

Druckimprägniertes Holz empfiehlt sich vor allem für Bauteile, die schlecht zu erreichen sind (z. B. eine dicht berankte Pergola), die direkten Bodenkontakt haben oder die wie z. B. Sichtschutzwände Dauerregen, Hagel und Schnee standhalten müssen.

Doch Imprägnierung und Imprägnierung ist nicht immer dasselbe: Während die konservierenden Salze bei der Druckimprägnierung sehr tief ins Holz hineinge-

Imprägniertes Holz wird in Stapeln im Druckkessel oder dem Tauchbecken mit Imprägniersalz getränkt und anschließend zum endgültigen Austrocknen gelagert.

preßt werden, dringen sie bei der weniger aufwendigen Tauchimprägnierung nur in die äußeren Schichten ein. Der Schutz ist schlechter, und die Ersparnis durch einen niedrigeren Holzpreis zahlt sich nicht aus. Als Orientierungshilfe für den Verbraucher wurde das RAL-Gütezeichen geschaffen, in dem Produktionsjahr, Hersteller, verwendeter Holzschutzmitteltyp und die geeigneten Verwendungszwecke („Gefährdungsklassen“) genannt sind.
Der einzige Nachteil druckimprägnierter Hölzer liegt in den hochwirksamen Imprägniersalzen, denn sie sind giftig und können bei ständigem Kontakt mit feuchter Erde ins Grundwasser ausgewaschen werden. Wenn also z. B. Pergolapfosten direkt in den Boden eingegraben werden, sollte für eine gute Drainage rundherum gesorgt sein. Alle Reste druckimprägnierter Hölzer dürfen nicht über den Hausmüll entsorgt oder verbrannt werden, da sie als Sondermüll gelten.

Problematisch: Das behandelte Holz gibt chemische Stoffe ab, die das Wachstum der Kresse bremsen.

Unproblematisch: Die Kresse rund um das mit umweltfreundlichen Mitteln geschützte Holz wächst hervorragend.

Schonende Imprägnierung

Bei den Herstellern von Gartenhölzern geht die Tendenz immer mehr dahin, möglichst umweltschonende Imprägnierungen zu verwenden. Viele Stoffe sind aber nicht zu ersetzen oder noch nicht genügend erforscht, um etwas über deren Wirkung sagen zu können. Um ganz sicherzugehen, daß Boden und Grundwasser nicht geschädigt werden, sollte man nach Möglichkeit direkten Erdkontakt vermeiden. Werden die Bauteile so verarbeitet, daß sie immer schnell ablüften können, halten sie darüber hinaus fast unbegrenzte Zeit.

Der große Dachüberstand des Carports schützt die verbretterten Giebel und die Pfosten gegen Schlagregen, die Schnittkanten der vorgesetzten Blenden sind von oben durch die Dachziegel geschützt, die Stoßstelle in der Mitte wird durch einen Brettabschnitt abgedeckt.

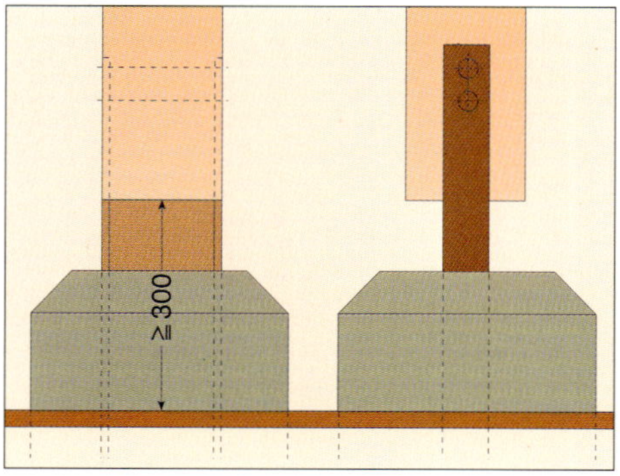

Pfostenträger *aus Bandeisen, die in das Betonfundament einzementiert wurden, sorgen für 5 cm Abstand zum Boden.*

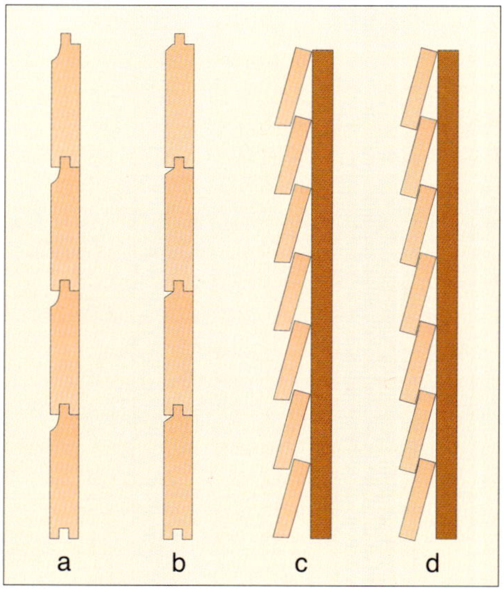

Profilbrettschalung *mit a : gutem, b : schlechtem Wasserablauf; Stülpschalung mit c : richtiger und d : falscher Kantenabschrägung.*

verarbeiten und streichen

Gartenholz ist Wind und Wetter, Hitze und Kälte ausgesetzt. Damit es lange hält, muß es fachgerecht verarbeitet werden.

Konstruktiver Holzschutz ist das Zauberwort für die Verarbeitung von Pfosten, Brettern und Kanthölzern im Garten. Es bedeutet, alle Konstruktionen müssen garantieren, daß Regenwasser schnell abfließt und Feuchtigkeit in kürzester Zeit ablüftet. Denn es ist die Verbindung von Wasser und Luft, die das Holz gegen Holzschädlinge anfällig werden läßt. Besonders kritische Punkte sind die Hirnholzflächen und Schnittkanten, an denen Wasser eindringen, die Ecken und Winkel, an denen es nicht schnell ablaufen kann. Außerdem sind natürlich alle Bereiche gefährdet, in denen das Holz dauernd Erdkontakt hat.
Große Dachüberstände, angeschrägte Brettkanten oder ein paar Zentimeter Luft zwischen Boden und Pfosten helfen, das Holz dauerhaft und wirkungsvoll gegen Feuchtigkeit zu schützen.

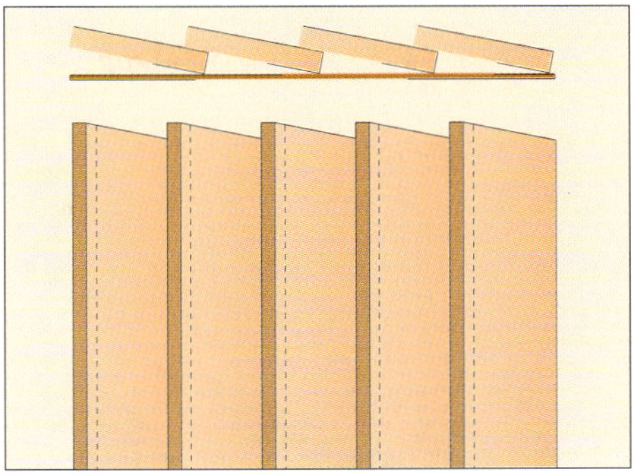

Lotrechte Stülpschalung: Die Richtung, nach der die Bretter sich überdecken, hängt vom üblichen Windeinfall ab.

Waagerechte Schalung mit Profilholz ist nur bei geschützten Flächen geeignet. Besser ist eine lotrechte Anbringung der Bretter.

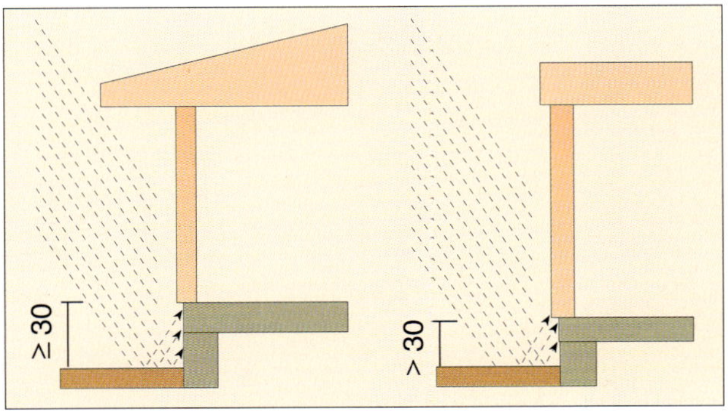

Der Dachüberstand hält viel Regen ab. An den Seiten des Hauses, die häufig Wind und Schlagregen ausgesetzt sind, sollte er mindestens die obere Hälfte der Wand schützen.

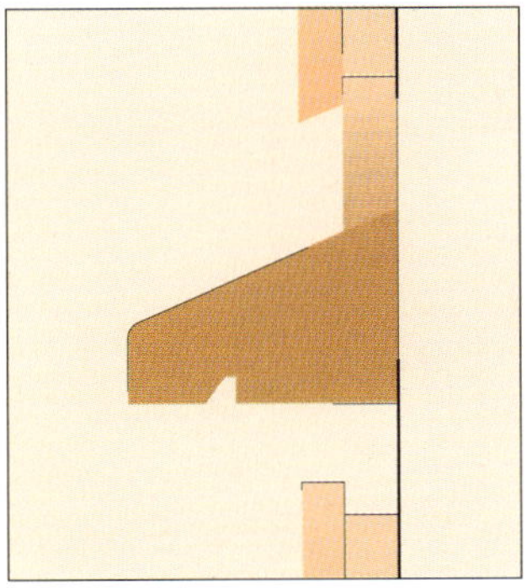

Die Tropfkante am unteren Rand von Fenster- und Türflügeln läßt Wasser gut ablaufen.

Die Holzstruktur scheint beim Anstrich mit farbiger Lasur noch schwach durch.

Das Mittelblau, mit dem alle Holzteile des Hauses deckend gestrichen sind, paßt gut zum matten Rot des Backsteins.

Eine dünne Haut hält Wasser ab

Die richtige Verarbeitung von Holz im Freien ist die Grundlage beim Holzschutz, der Anstrich mit deckenden Farben, Ölen oder Lasuren eine wichtige Ergänzung. Die meisten Außenfarben sind inzwischen frei von Wirkstoffen und erfüllen die Schutzfunktion, indem sie eine wasserundurchlässige Haut auf der Holzoberfläche bilden (deckende Farben) bzw. ins Holz eindringen (Öle und Lasuren). Bei der Wahl des Farbtons geht es nicht nur um Geschmack: Helle Töne schützen aufgrund des geringeren Pigmentgehaltes schlechter gegen UV-Strahlen, sehr dunkle Töne führen zu einer starken Erwärmung und damit besonders im Winter zu starken Temperaturschwankungen und Materialspannungen. Im Gegensatz zu Ölen und Lasuren bilden Deckfarben unabhängig vom Farbton eine gegen UV-Strahlen schützende Haut.

alle Bauteile aus Holz.

Algen und Moos entfernen: *Vor dem neuen Anstrich wird die vorher mit einer Lasur behandelte Fläche gründlich gereinigt.*

Unebenheiten abschleifen: *Die Oberfläche ist nach einigen Jahren nicht mehr so glatt wie zu Beginn und wird deshalb abgeschliffen.*

Lasur auftragen: *Flächen, die mit einer Lasur behandelt waren, können nach dem Reinigen und Schleifen gestrichen werden.*

Mit Deckfarbe streichen: *Wenn alte Farbreste entfernt sind, wird die Deckfarbe aufgetragen. An Rändern hilft die Anstreichschiene.*

Fugen glätten: *Nach dem ersten Anstrich mit Deckfarbe werden Fugen mit Ölspachtel geschlossen und übergestrichen.*

Werkzeug zusammenstellen: *Mit Klebeband, Pinseln, Bürste, Ziehklinge, Schaber und Schleifpapier sind alle Utensilien komplett.*

Grundwissen: Balken-

Diese klassische Balken-Pfosten-Verbindung wird durch 135°-Winkel, Knaggen, Laschen und T-Flachverbinder stabil.

und Kantholzverbindungen

Keil- und Zapfenverbindungen sind nicht nötig, wenn mit Balkenverbindern gearbeitet wird. Für alle Konstruktionen gibt es die passenden Stücke.

Sie sparen viel Zeit und sind problemlos zu verarbeiten. Doch das sind nicht die einzigen Vorzüge der gelochten Holzverbinder. Statiker schätzen an ihnen die Tatsache, daß durch sie anders als bei klassischen Verbindungen die Holzquerschnitte nicht reduziert und damit geschwächt werden, so daß mit geringeren Balkendimensionen gearbeitet werden kann. Durch Abkanten und Verformen der verzinkten Lochbleche sind durchdachte Beschläge für alle am Bau vorkommenden Konstruktionen entstanden.
Für rechtwinklige Verbindungen reichen meist gebogene Winkel aus, die es in vielen Breiten, mit unterschiedlichen Schenkellängen und verschiedenen Materialstärken gibt. Durch eingedrückte Sicken werden viele zusätzlich stabilisiert. Dreieckige Knaggen setzt man zur Aussteifung in Innenecken, flache Winkel oder T-förmige Bleche werden seitlich aufgeschraubt oder genagelt.
Spezielle Beschläge sind bei Verbindungen im Bereich von Dächern notwendig. Vielzweckverbinder können durch Knicken jeder Dachneigung angepaßt werden. Für 45°-Streben bei Dachbalken gibt es auch besondere 135°-Winkel, die sich ebenso für Mansardendächer oder sechseckige Bauten (z. B. Gartenpavillons) eignen. Alle Verbindungen bekommen zusätzlichen Halt durch seitlich angesetzte Laschen (Flachverbinder), die es in vielen Abmessungen gibt.

__Balkenschuhe__ mit Innenlaschen werden an die Wand gedübelt. Bei Kanthölzern mit abgeschrägten Enden legt man den abgesägten Keil ein, damit sich der Druck verteilt.

__Vario-Balkenschuhe__ bestehen aus zwei Teilen und lassen sich für Balken jeder Breite verwenden. Sie können wahlweise zuerst an den Balken oder die Wand geschraubt werden.

Mit diesen **Beschlägen** lassen sich alle

Schwerlastwinkel *werden durch eine eingedrückte Sicke besonders stabil. Sie sind für alle rechtwinkligen Konstruktionen und besonders für das Einfügen von Wechseln geeignet.*

Verschrauben oder nageln

Alle Beschläge werden entweder mit geriffelten Haftnägeln oder Spaxschrauben befestigt. Beide Befestigungen haben spezifische Vorteile: Mit Haft- oder Ankernägeln kann man sehr schnell arbeiten, sie sitzen aber so fest, daß es mühsam ist, die Verbindung wieder zu lösen. Außerdem ist es in engen Ecken oft schwierig, mit einem Hammer zu arbeiten. Spaxschrauben dagegen sind jederzeit wieder herauszudrehen. Um sie schnell zu verarbeiten, benutzt man am besten einen handlichen Akkubohrschrauber, der ohne Behinderung durch ein Kabel überall auf der Baustelle eingesetzt werden kann. Selbstverständlich sollten alle Nägel und Schrauben rostgeschützt sein.

Kreuzverbinder *werden überall dort eingesetzt, wo zwei Balken rechtwinklig aufeinanderliegen. Sie ersparen Überblattungen und sind rechts oder links abgewinkelt zu haben.*

Korrosionsschutz für Beschläge

In trockenen Innenräumen reicht eine Blau- oder Transparent-Chromatierung (links) als Rostschutz aus. In Feuchträumen oder an geschützten Plätzen im Freien nimmt man Beschläge mit Gelb-Chromatierung (Mitte). Den besten Schutz bietet die Feuerverzinkung (rechts). So behandelte Beschläge halten jedes Wetter aus.

Winkel mit Sicke als Verstärkung werden beim Pfostenfuß aus Kantholz verwendet. Auch Knaggen (vorn) wären hier möglich. Flachverbinder stabilisieren die Konstruktion.

135°-Winkel und zwei seitlich aufgesetzte Flachverbinder schaffen im Firstpunkt der Sparren eine solide Konstruktion. Gebraucht wird diese Verbindung z. B. bei Dächern.

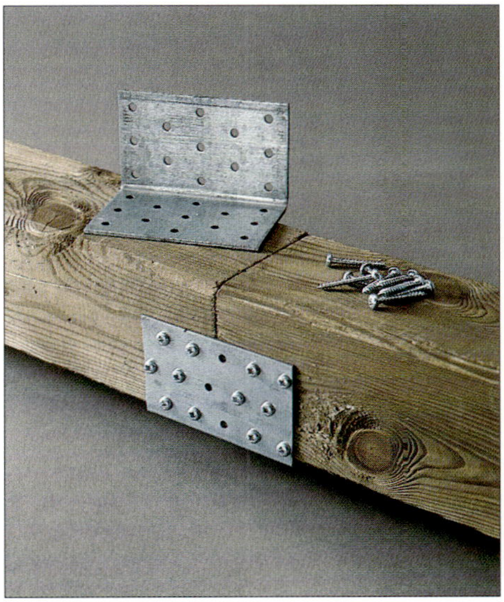

Gerberverbinder benutzt man zum Verlängern eines Balkens. So wie hier gezeigt angebracht, darf er auf Druck und Zug, auf Durchbiegen aber nur wenig belastet werden.

Universalverbinder für Sparren, Streben und Stützen lassen sich auf jeden Winkel einstellen. Sie sind für leichte Balkenkonstruktionen sehr gut geeignet.

Grundwissen: Pfosten

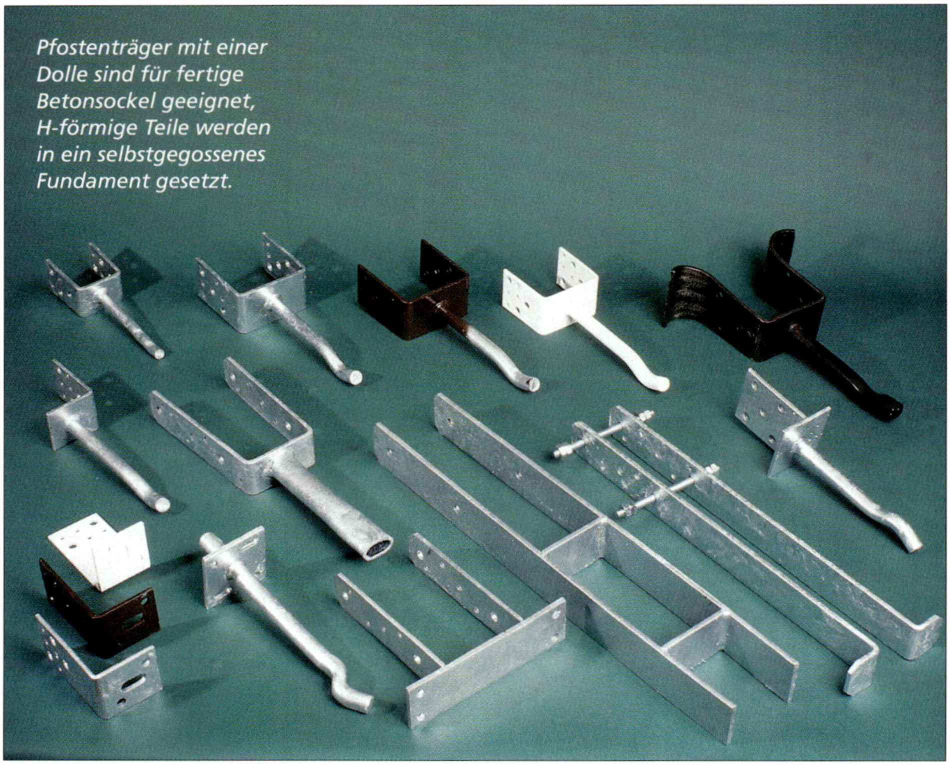
Pfostenträger mit einer Dolle sind für fertige Betonsockel geeignet, H-förmige Teile werden in ein selbstgegossenes Fundament gesetzt.

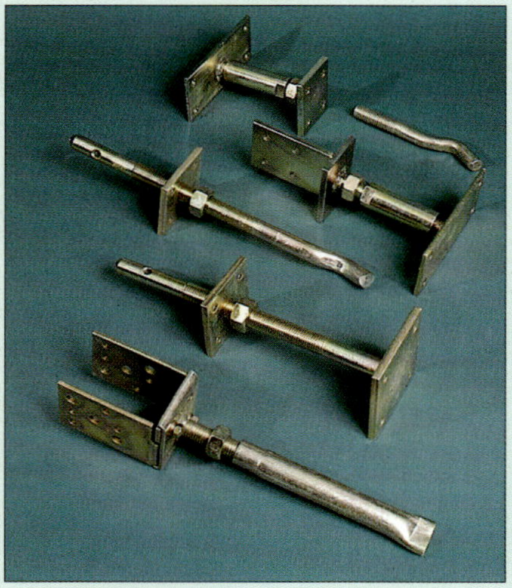

Verstellbare Pfostenträger erleichtern das Ausrichten.

Normalerweise müssen die Pfosten vor dem Einschrauben in die Anker sowohl lotrecht als auch in der Höhe exakt ausgerichtet werden. Anders und sehr viel einfacher ist es bei verstellbaren Trägern: Sie lassen sich auch dann noch millimetergenau justieren, wenn die Pfosten oder Lagerbalken bereits montiert sind. Das ist sehr praktisch beim Bau von Holzdecks als Terrassenboden, bei denen ein leichtes Gefälle hergestellt werden muß. Auch bei Gartenhäusern, Pavillons oder Schuppen kommt es darauf an, daß Pfosten exakt gleich hoch ausgerichtet sind.

aufstellen und ausrichten

Solide verankerte Pfosten sind das Gerüst aller Bauten aus Holz. Für das richtige Aufstellen und Ausrichten gibt es verschiedene ganz einfache Systeme.

Pfosten sind die tragenden Stützen für Zäune, Terrassen, Pergolen und Carports oder Gartenhäuser. Feuchtigkeit, die in das Holz eindringt und nicht ablüften kann, beeinträchtigt seine Haltbarkeit ganz erheblich, und deshalb ist es nicht sinnvoll, die Pfosten, die ja lange halten sollen, direkt in die Erde einzugraben. Aber es gibt eine Vielzahl von Alternativen zu dieser Art der Befestigung.

Welche Methode die richtige ist, hängt vor allem von der Bodenbeschaffenheit ab. In sehr sandigem Boden, der sich schlecht verdichten läßt, ist ein solider selbstgeschütteter oder fertig gekaufter Betonsockel notwendig. Ist der Boden sehr feucht, wird am Grund des Loches eine etwa 20 cm dicke, wasserdurchlässige Kiesschicht eingebracht. Bei schwerem, lehmigem Boden reichen fertige Bodeneinschlaghülsen aus.

Die einfachste Methode, Pfosten stabil zu verankern, besteht darin, sie im Boden einzubetonieren. Dazu wird ein Loch ausgehoben, das nach allen Seiten hin mindestens 10 cm größer ist als die Kantenlänge des Pfostens. Nach einer Faustregel wird der Pfosten zu einem Drittel seiner Länge oder 60 bis 90 cm tief versenkt, je nachdem, wie stark er belastet ist. Bei selbstgeschütteten Fundamenten kann man eine sogenannte verlorene Schalung einsetzen, d. h. Bretter, die die Wände des Loches auskleiden und auf Dauer im Boden bleiben.

Klappspaten (Handbagger) erleichtern das Ausheben enger, bis zu 90 cm tiefer Löcher. Sie funktionieren wie eine Zange, die die Erde greift und nach oben befördert.

Fertigbeton wird trocken 10 cm dick auf den Boden des Loches geschüttet. Dann setzt man den Pfosten ein, richtet ihn aus und füllt die mit Wasser angerührte Mischung ein.

Provisorische Stützen, die mit Zwingen befestigt werden, fixieren den in frischen Beton eingesetzten Pfosten in seiner Position. Vorher wird er mit Wasserwaage ausgerichtet.

Stützschuhe werden mit verzinkten Schlüsselschrauben und Dübeln auf dem ausgehärteten Betonfundament befestigt. Das Fundament braucht 5 bis 7 Tage zum Abbinden.

Pfostenanker und Betonsockel

Mit fertigen Pfostenankern, die in selbstgegossene oder fertig gekaufte Betonsockel eingegossen werden, wird die Verankerung im Boden noch perfekter. Der Vorteil: Das Holz hat Abstand zum Boden, und so kann Feuchtigkeit selbst nach starken Regenfällen nicht eindringen. Druckimprägniertes Holz hält fast unbegrenzte Zeit, wenn es so verarbeitet wird.
Pfostenanker gibt es in sehr verschiedenen Ausführungen. Die einfachsten bestehen aus einem U-förmigen Träger mit Dolle, die in den Sockel eingegossen wird. Diese Anker müssen genau denselben Durchmesser wie die Pfosten haben.
Träger mit L- oder T-förmiger Aufnahme passen für unterschiedlich dimensionierte Hölzer. Bei T-förmigen Trägern muß der Pfosten mit einer Nut versehen werden, damit er sich einfach aufstecken läßt. In vielen Fällen sind höhenverstellbare Pfostenanker sinnvoll, die noch millimetergenau justiert werden können, wenn sie schon in den Sockel eingegossen und der Pfosten verschraubt worden ist.
Besondere Sorgfalt ist beim Ausrichten der Pfosten notwendig. Sollen mehrere in einer Reihe stehen, spannt man eine Schnur vom ersten zum letzten Pfosten einer Reihe, die die genaue Flucht markiert. Ähnlich verfährt man, um die Pfosten genau in der gleichen Höhe auszurichten. Die Schnur wird dabei mit einem kleinen Nagel auf dem ersten Pfosten fixiert, zum letzten in der Reihe gespannt und dort ebenso befestigt. Müssen die Hölzer nicht millimetergenau ausgerichtet sein, setzt man die Pfosten provisorisch ein und peilt an der Kante der Reihe entlang. Dabei lassen sich leicht von der Flucht abweichende Stützen mit bloßem Auge finden.

Montage der Pfosten

***Sockel** können in einem Plastikeimer gegossen werden, der als verlorene Schalung mit eingegraben wird. Die Leiste wird später herausgezogen. Sie formt das Loch für die Dolle.*

***Fertigsockel** aus Beton sind in unterschiedlichen Größen im Baustoffhandel zu haben. Im Loch in der Mitte wird die Dolle des Pfostenankers mit Vergußmörtel eingegossen.*

***Vergußmörtel** wird fließfähig angerührt und in das angefeuchtete Loch gefüllt. Dann den Pfostenanker mit montiertem Holz einsenken und den Pfosten einige Stunden fixieren.*

***Einschlagbodenhülsen** sind bis 1 m lang zu haben. Sie sind für 9 × 9 cm starkes Holz geeignet und sitzen in festem Boden ohne Steine oder Wurzeln sehr fest.*

Elegant und sehr filigran wirkt der leichte Pavillon in strahlendem Weiß. Ein wunderschöner Platz für die gemütliche Kaffeerunde oder ein paar stille, ungestörte Stunden im Grünen.

Romantischer

Vier Pfosten und ein Dach ergeben schon einen Pavillon. Mit leichten Ziergittern oder geschlossenen Wänden, mit Bänken oder Pflanzkästen wird ein traumhaftes Sommerhaus aus dem Grundmodell des Baukastensystems.

Pavillon mit Variationen

Die solide **Grundlage** für den Pavillon ist

Teichfolie, *die unter der Fläche ausgelegt wird, verhindert, daß Kräuter und Gräser durch die Fugen der Holzterrasse wachsen.*

Eine Winkellehre *aus Latten von 3, 4 und 5 m Länge, zum Dreieck zusammengenagelt, erleichtert das Einrichten des Fundaments.*

Die Fundamentplatten *werden so verlegt, daß der Abstand von Plattenmitte zu Plattenmitte ca. 60 cm beträgt.*

Bauen mit System und Ideen

Der Traum vom individuellen Pavillon läßt sich ganz einfach realisieren: Bausteine für die unverwechselbaren Häuser sind die Teile eines Pergolasystems, das mit Pfosten und Sattelbalken, Ziergittern, Bögen und Zaunfeldern, Sitzbänken und Pflanzkästen unendliche viele Möglichkeiten bietet. Alle Elemente sind auf ein Rastermaß abgestimmt und damit unbegrenzt miteinander kombinierbar. Vom einfachen Grundmodell, das aus nur vier Pfosten und einem Dach besteht, bis hin zum Häuschen mit zwei oder gar drei geschlossenen Wänden, das in den Zaun integriert ist oder mit einer Sichtschutzwand verbunden eine Gartenecke schließt, läßt sich alles bauen.
Beim Baumaterial gibt es weitere Wahlmöglichkeiten. Die Elemente sind in druckimprägniertem Kiefernholz zu haben, das auch weiß oder blau vorbehandelt angeboten wird, sowie in naturbelassenem Zedernholz. Sauber geschliffene Oberflächen und weich abgerundete Kanten machen das Material perfekt.
Beim Grundmodell des Baukastenpavillons müssen die Pfosten fest im Boden verankert werden, damit genügend Stabilität erreicht wird.
Anders bei der hier gezeigten Variante: Sie kann auf einer Holzterrasse frei stehend aufgebaut werden, weil die durch zwei zusätzliche Pfosten, Gitterfelder und Pflanzkästen verstärkten Ecken sowie die Bogengitter unter den Sattelbalken, die die Pfosten verbinden, ihr ausreichend Stabilität geben. Ideal ist dieses Modell, wenn es im Garten bereits einen geräumigen Sitzplatz oder eine Holzterrasse gibt, die durch einen Pavillon ergänzt und abgeschlossen werden soll.

an einem einzigen Tag gelegt.

Stützklötze, *die leicht unten überstehen, werden seitlich an die Lagerbalken angeschraubt, wenn ein kleiner Höhenausgleich nötig ist.*

Die Kanthölzer *der Unterkonstruktion werden mit der Wasserwaage ausgerichtet, ehe die Bodenbretter aufgeschraubt werden.*

Die Kanten *der Holzterrasse werden ganz gerade, wenn die Bretter zunächst leicht überstehen und erst später geschnitten werden.*

Blenden *verdecken die Stirnseiten der Lagerbalken und schließen den Raum zwischen Terrasse und Boden.*

Die Bodenbretter *müssen nicht durchgehend verlegt werden. Stöße liegen immer auf den Balken und sind von Reihe zu Reihe versetzt.*

Mit Wasserwage *und Senktlot werden die Pfosten ausgerichtet und bis zum endgültigen Verschrauben mit Schraubzwingen fixiert.*

Vier Variationen des Pavillons, die als Bausatz zu haben sind

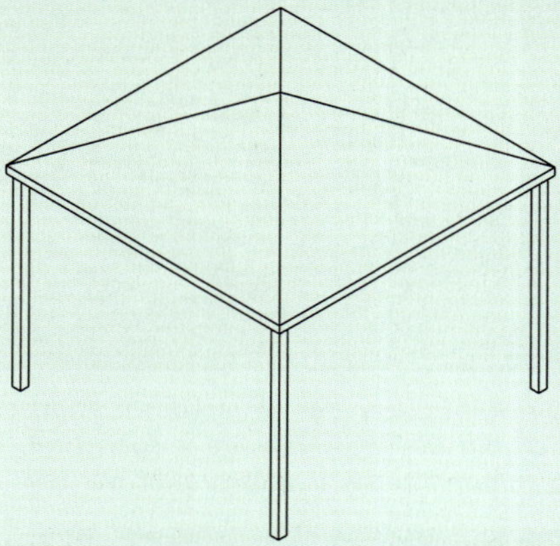

Der Bausatz für den Grundpavillon besteht aus dem System-Dach Castello, 4 Pergolapfosten (9 × 9 × 270 cm), 8 Diagonalstreben, 4 Konstruktionshölzern (45 × 94 mm, 330 cm lang), die gekürzt werden müssen, wenn die Pfosten mit Betonfundamenten verankert werden.

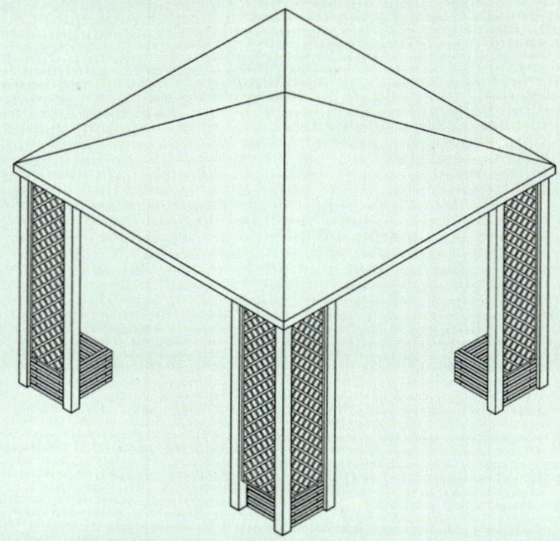

Der Bausatz für den Ausbaupavillon besteht aus dem System-Dach Castello, 12 Pergolapfosten Castello (270 cm lang), 4 Sattelbalken (180 cm, gerade), 8 Sattelbalken (40 cm, gerade), 4 Pflanzkästen Castello 90 (40 cm lang) und 8 Ziergittern.

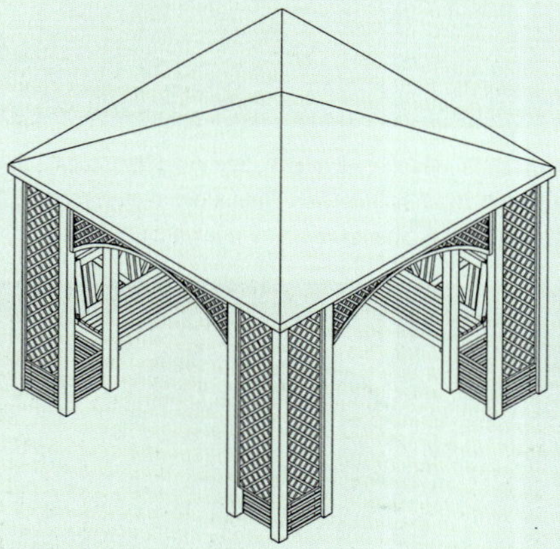

Der Bausatz für den hier gezeigten Komplettpavillon besteht aus dem System-Dach Castello, 16 Pergolapfosten (270 cm), 4 Sattelbalken (180 cm, gerade), 8 Sattelbalken (40 cm, gerade), 4 Pflanzkästen Castello 90, 8 Ziergittern, 2 Bänken, 4 Bogengittern, 6 Einlegerosten.

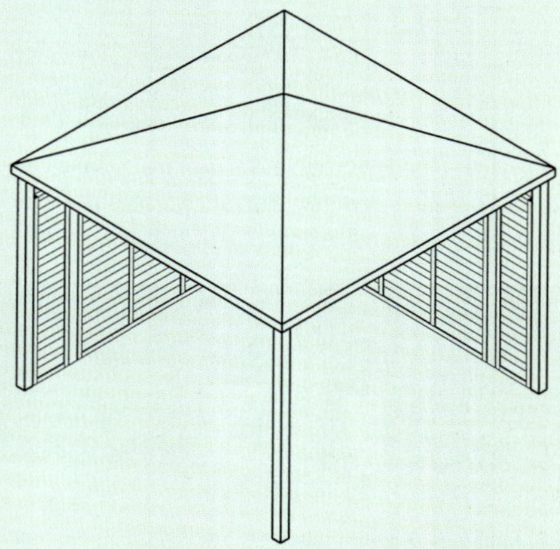

Der Bausatz für den Eckpavillon besteht aus dem System-Dach Castello, 8 Pergolapfosten Castello 90 (270 cm lang), 4 Konstruktionshölzern (45 × 94 mm, 330 cm lang), 4 Sichtblenden Öland (39 × 178 cm) sowie 2 Sichtblenden Öland (178 × 178 cm)

Gute Oberflächenbehandlung

Das druckimprägnierte Kiefernholz, das für den Pavillon verwendet wird, ist auch ohne regelmäßige Pflege extrem langlebig. Ein Anstrich ist höchstens aus dekorativen Gründen erwünscht.
Auch Zedernholz ist gut gegen Wind und Wetter geschützt, denn es enthält von Natur aus ein Art Imprägnierung. Soll es seinen leuchtenden Glanz über viele Jahre behalten, muß es gelegentlich geölt werden. Ohne diese Auffrischung nimmt es im Lauf der Jahre einen silbriggrauen Farbton an. Die Haltbarkeit wird dadurch nicht beeinträchtigt.
Soll der Pavillon mit einer deckenden Farbe gestrichen werden, empfiehlt sich ein Material, das ins Holz eindringt, statt einen (wenn auch elastischen) Film auf der Oberfläche zu bilden. Der Grund dafür: Die Farbschicht im Holz kann nicht rissig werden, auch wenn das Holz bei Schwankungen der Temperatur oder der Luftfeuchtigkeit schwindet oder quillt.
Der Pavillon-Bausatz ist über den Holzfachhandel zu bekommen; Händlernachweise gibt die Firma Ostermann & Scheiwe, Tel.: 0251 / 6920.

Die Pflanzkästen dienen bei der Montage der Pfosten als Stütze. Später geben die eingesetzten Bogengitter genug Stabilität.

Sparren- und Traufenprofile sind nach den Maßen des Pavillons zugeschnitten und werden am Boden zu einer Pyramide verschraubt.

Die Dachkonstruktion aus Traufenrahmen und Sparrenprofilen wird auf den Pavillon gehoben und auf die Sattelbalken geschraubt.

Die Farbpalette der deckenden OSMO-Color-Landhausfarben

Schnell und einfach: Luxus-

Zur Sonnenseite hat das Haus große Fenster und eine Fenstertür, hinten im Schatten geschlossene Wände.

Villa aus dem Baukasten

Besonders schön und gleichzeitig besonders einfach aufzustellen ist das Gartenhaus, das extra für den Aufbau in einer Gartenecke entworfen wurde.

Ein Wochenende Arbeit, dann steht die Villa: Schneller und einfacher ist Hausbau nicht möglich. Das Geheimnis liegt in einem Stecksystem, das den Aufbau erleichtert und gleichzeitig garantiert, daß alle Eckverbindungen absolut winddicht geschlossen sind. Mit seiner Grundfläche von 3 × 3 m bietet das Haus Platz für einen Tisch und mehrere bequeme Stühle, zwei Liegen, einen Schrank, in dem alles untergebracht wird, was man für ein schönes Wochenende im Grünen braucht. Das Haus ist ideal für eine wenig genutzte Gartenecke geeignet, denn die beiden hinteren Wänden sind geschlossen, die vorderen mit großen Fenstern und der Fenstertür transparent. Baumaterial ist ausgesuchtes, unbehandeltes Fichtenholz, die Wände sind 28 mm stark.

Alle Bauteile werden perfekt vorbereitet geliefert und müssen nur noch an Ort und Stelle zusammengesteckt werden.

Gehwegplatten *aus Beton dienen als Fundament. Darauf werden die fünf Ringbalken ausgelegt und ausgerichtet.*

Aluminiumklammern *verbinden die Ringbalken an den Ecken miteinander. Sie werden in die Nuten eingesetzt und festgeklopft.*

Profilbretter *für die Wände sind rundherum mit Nut und Feder versehen und lassen sich ganz einfach feststecken.*

Untergrund und Wandaufbau

Noch vor der Anlieferung des Bausatzes sollte der Untergrund vorbereitet werden. Meist ist der Boden in der Gartenecke, die für das Haus vorgesehen ist, noch nicht eben genug und muß mit aufgeschütteter Erde ausgeglichen werden. Ist der Boden sehr feucht, empfiehlt es sich, die Fläche etwa 30 cm tief auszukoffern, mit Sand aufzufüllen, mit einer geraden Latte abzuziehen und möglichst mit einem Rüttler zu verdichten. Auf dieser bereits ganz ebenen Fläche können dann die Bodenplatten verlegt werden. Ehe auf diesem soliden Fundament gebaut wird, muß immer wieder mit der Wasserwaage kontrolliert werden, ob auch alles millimetergenau stimmt.
Dann kann der eigentliche Bau losgehen: Die Fundamentbalken werden ausgelegt und an den Ecken mit Aluminiumklammern verbunden. Darauf werden die ersten Profilbretter aufgesteckt – mit der Nut nach unten, der Feder nach oben. Am schnellsten geht das, wenn alle zu einer Wand gehörenden Teile bereits an der richtigen Seite gestapelt bereitliegen.
Als Werkzeug wird für den Bau nichts als ein handlicher Hammer und ein Holzklotz zum Unterlegen oder ein Holzhammer gebraucht. Damit die Bretter nicht verkanten, setzt man sie locker auf und klopft der Länge nach an mehreren Stellen fest, bis sie ganz fest sitzen.
Ist eine Reihe Profilbretter angebracht, setzt man die Pfosten ein. Sie werden wie die Bretter und alle übrigen Teile einfach in die Nuten eingeschoben, Schrauben und Nägel sind nicht nötig. Sicherheitshalber kontrolliert man ihre Position noch einmal mit der Wasserwaage, dann folgen die übrigen Profilbretter nach und nach.

steht das Haus sehr stabil und solide.

Dabei ist es sinnvoll, immer eine Brettreihe rundherum zu stecken, ehe die nächste begonnen wird. So wachsen die Wände gleichmäßig, und das Haus hat bereits beim Aufbau sehr viel Stabilität. Der Aufbau der Wände geht jetzt sehr zügig. Fenster und Tür sind ebenfalls rundherum mit Federn versehen und werden in die Nuten der Profilbretter eingeschoben. Am besten wartet man mit dem Einsetzen, bis die Wand bis zur Hälfte der Öffnung angewachsen ist. So müssen die doch recht großen Fenster nicht zu hoch angehoben werden, stehen aber bereits stabil in der Wand und können nicht kippen.
Die Wände werden oben mit Profilen (Mauerplatten) abgeschlossen und verschraubt. In die Einkerbungen dieser Profile setzt man an den Ecken lange Gratsparren ein, die oben mit einer Firstplatte verschraubt werden. Danach lassen sich die kürzeren Bindersparren einpassen. Das fehlende Stück über der Tür wird mit Profilstücken geschlossen, die auf Leisten befestigt sind.
Die Sparrenköpfe sind durch Windbretter geschützt, die von außen aufgeschraubt werden. Dann kann die Dachfläche mit Schalbrettern gebaut und mit Bitumenschindeln gedeckt werden. Die Schindeln sind noch nicht komplett vorbereitet, sie werden an den Walmecken passend zugeschnitten.
Der letzte Bauabschnitt besteht im Verlegen des Fußbodens. Die Dielen liegen auf imprägnierten Latten und werden einfach aufgenagelt. Da der Untergrund perfekt vorbereitet ist, muß hier nichts mehr ausgeglichen werden. Nur um ganz sicher zu gehen, kontrolliert man die Lage ab und zu noch einmal mit der Wasserwaage.

Die Eckpfosten *haben einen speziellen Querschnitt. Sie werden in die Nuten der Profilbretter eingeschoben.*

Die Wandhöhe *wird durch die Länge der Ständer markiert: Sie beträgt 2,10 m. Reihe für Reihe werden jetzt die Bretter eingesetzt.*

Fenster *setzt man komplett mit Flügeln ein. So sind sie in sich stabil. Beim Einsetzen darauf achten, daß der Rahmen nicht verkantet.*

Mit einem **Anstrich** wird das Haus perfekt

Mauerplatten *(spezielle Profilbretter) dienen als Abschluß der Wände. Sie werden aufgenagelt oder verschraubt.*

Die Schraubplatte *in der Firstspitze verbindet die Gratsparren, die von unten in die Eckausklinkungen eingesetzt werden.*

Bindersparren *werden in die Auskerbungen in den Mauerplatten (Profilbretter) eingelegt und oben an die Sparren geschraubt.*

Farbe als Schutz und Schmuck

Das unbehandelte Fichtenholz, aus dem das Gartenhaus gebaut ist, braucht einen Schutzanstrich, damit es lange hält. Holzschutzmittel mit insektiziden oder herbiziden Wirkstoffen sind nicht nötig, wichtig ist allein, daß ein elastischer Schutzfilm das Eindringen von Feuchtigkeit verhindert. Im Fachhandel gibt es eine Vielzahl von Produkten, die für diese Zwecke geeignet sind.

Ob Öl oder deckende Farbe, es kommt darauf an, möglichst alle Holzteile wenigstens einmal damit zu streichen.

Im Innenraum reicht ein einmaliger Anstrich mit einem farblosen Öl. Er betont den Holzcharakter und macht die Oberfläche glatt und pflegeleicht. Schmutz kann sich nicht so leicht festsetzen, die Flächen können bei Bedarf mühelos gereinigt werden.

Von außen sollte das Haus mit einem doppelten Anstrich gegen Wind und Wetter geschützt werden. Eine Gefahr ist hier nicht nur die Feuchtigkeit von Regen oder Schnee, sondern auch die UV-Strahlung der Sonne, die das Holz porös werden läßt. Wenn die Wände farbig gestrichen werden wie in unserem Beispiel, nimmt man für den Voranstrich die endgültige Farbe, verdünnt sie aber leicht. Ganz einfach geht das bei wasserlöslichen Farben, die mit einem Anteil Wasser versetzt werden. Dieser Voranstrich wird satt aufgetragen, so daß die Farbe auch in die Fugen eindringen kann. Anschließend folgt der Deckanstrich mit unverdünnter Farbe.

Genauso behandelt man die Fenster und die Tür: Ein gut deckender, zweischichtiger Anstrich schützt sie zuverlässig für viele Jahre.

Der Fußboden gehört zu den stark strapazierten Flächen und muß deshalb besonders sorgfältig behandelt werden. Spezielles Fußbodenöl, das tief eindringt und das Holz härter macht, ist sehr gut geeignet. Anschließend wird die Fläche gewachst. Sie ist jetzt so glatt und wasserabweisend, daß sie nur feucht gewischt und gelegentlich mit Wachs behandelt werden muß. Das Häuschen kann als Komplettbausatz in Baumärkten oder Holzfachmärkten bestellt werden, es wird bis vor die Haustür geliefert. Der Preis: ca. DM 1500,–. Dazu kommen die Aufbaukosten, die man durch den Selbstaufbau einsparen kann. Händlernachweis über: Lugarde Deutschland, Tel. 02382-3679.

Woran Sie vor dem Baubeginn denken müssen

In einigen Bundesländern und Gemeinden ist auch für den Bau von Gartenhäusern eine Baugenehmigung notwendig. Um kein Risiko einzugehen, sollten Sie sich vor dem ersten Spatenstich erkundigen, ob Sie eine Genehmigung brauchen. Auskunft gibt die zuständige Baubehörde oder die Gemeinde. Die dafür notwendigen Unterlagen sind über den Hersteller zu bekommen.
Unterschiedlich geregelt sind auch die vorgeschriebenen Abstände zur Grundstücksgrenze. Soll das Haus sehr dicht (also näher als 2 m) an das Nachbargrundstück herangesetzt werden, ist es sinnvoll, sich eine schriftliche Genehmigung vom Nachbarn geben zu lassen.

***Stirnbretter** sind als Dachabschluß rundherum vorgesehen. Sie stehen nach oben 19 mm über und werden angeschraubt.*

***Schalbretter** schaffen eine geschlossene Dachfläche. Sie werden von unten nach oben verlegt und auf die Bindersparren genagelt.*

***Fußbodendielen** sind fertig zugeschnitten und werden mit gestauchten Nägeln durch die Nut auf die Unterlattung genagelt.*

Das Drei-Zimmer-Haus

Übersichtlich sind die Gartengeräte, Blumentöpfe und vieles mehr in dem flachen Schrank verstaut.

für Geräte und Fahrräder

Wie sich ganz wenig Platz intelligent nutzen läßt, zeigt dieses Gerätehaus. Das Geheimnis liegt in den drei getrennten Räumen.

Wenn erst die Fahrräder der ganzen Familie, die Schubkarre und der Rasenmäher herausgeholt oder mühsam umgangen werden müssen, ehe der Spaten zu erreichen ist, vergeht der Spaß an der Gartenarbeit schnell. Aber solche umständlichen Manöver sind bei diesem Haus zum Glück gar nicht notwendig, denn hinter den Doppeltüren an jeder Längsseite verstecken sich flache Schränke, während größere Teile in dem von der Stirnseite aus zugänglichen Raum parken.

Die einfache **Konstruktion** erleichtert den

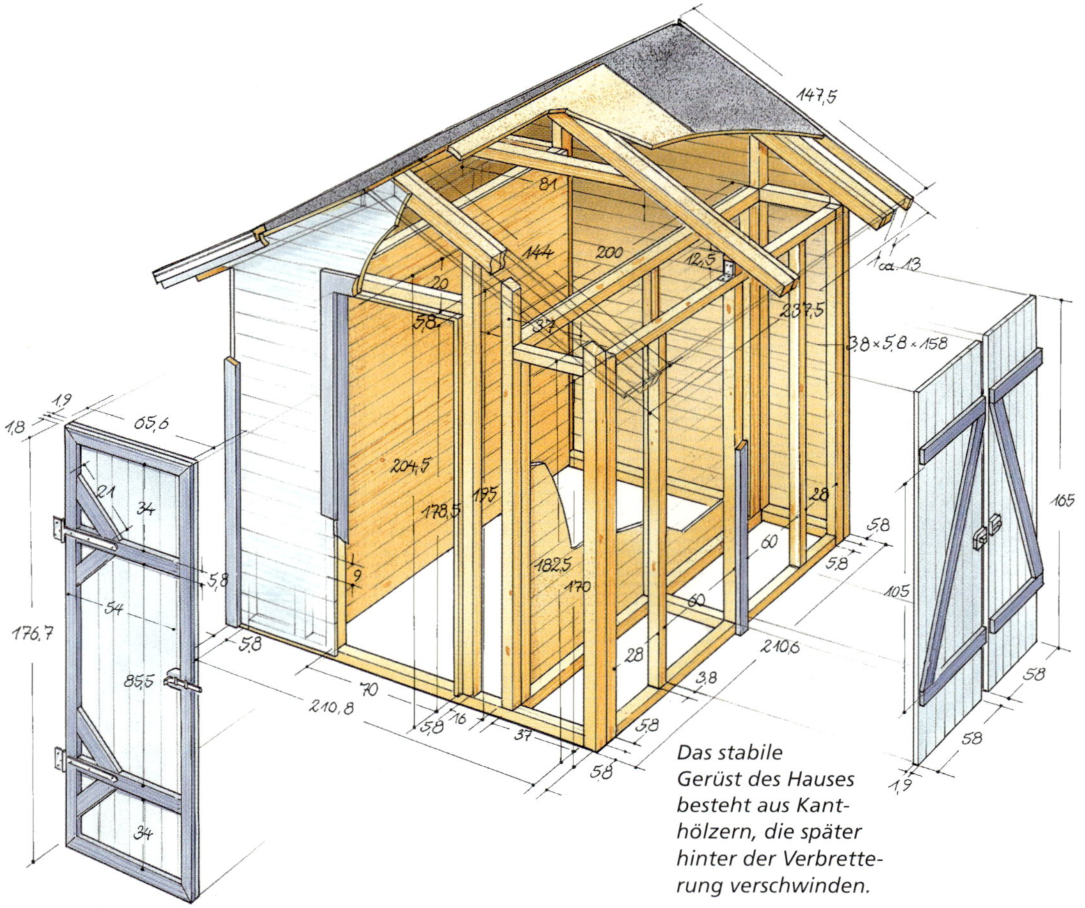

Das stabile Gerüst des Hauses besteht aus Kanthölzern, die später hinter der Verbretterung verschwinden.

Die vorgefertigten Wände werden einfach zusammengeschraubt

Rahmenbauweise ist das Motto dieser Konstruktion, denn alle Wände bestehen aus Kantholzrahmen, die verbrettert werden und so als vorgefertigte Elemente nur noch zusammengeschraubt werden müssen. So wie diese Methode den Aufbau erleichtert, macht sie auch einen nachträglichen Umbau möglich. Ohne großen Aufwand läßt sich das Haus zerlegen und an anderer Stelle wieder errichten. Stabil steht das Haus ohnehin durch die beiden nach innen gesetzten Längswände, die die Rückwand der von außen zugänglichen Schränke bilden.

Damit das Haus optimal zu nutzen ist, sollte es frei stehen oder höchstens mit einer Stirnseite an das Wohnhaus oder ein anderes Gebäude grenzen. Abwandlungen sind natürlich möglich, wenn das Bauprinzip erhalten bleibt. Die Innenwände sind auf einem 1-Meter-Raster aufgebaut und können entsprechend verlängert werden. Auch bei der Tiefe der Schränke kann etwas zugegeben werden, vorausgesetzt, daß auch die Rückwand, an der Geräte hängen, gut zu erreichen ist. Nur der etwa 1 m breite Innenraum sollte unverändert erhalten bleiben.

Aufbau und den Umbau.

Rauhspunddielen mit Nut und Feder werden zusammengesteckt, stramm verkeilt und ringsum auf den Kantholzrahmen genagelt.

Brettenden, die über den Rahmen hinausstehen, lassen sich mit der Handkreissäge glatt absägen. Vorher die Schnittlinie markieren.

Die Giebelsparren werden stumpf auf die auf Gehrung geschnittenen Stützen gesetzt und mit zwei langen Spaxschrauben befestigt.

Die Bretter für die Verkleidung der Stirnseiten werden auf Maß zugeschnitten und aufgenagelt. Die Türöffnung bleibt ausgespart.

Schlüsselschrauben oder Gewindebolzen und Muttern verbinden Giebel- und Zwischenwände. Diese Verbindungen sind leicht lösbar.

Die Türzarge wird am Boden zusammengebaut und in der Türöffnung mit versenkten Stiften oder Schrauben befestigt.

Ein Tag für den **Aufbau** des Gerätehauses, ein

In einem Wandschrank sind Spaten, Harke und andere lange Geräte an Hängeleisten an der Rückseite untergebracht, der andere (auf den Vorseiten zu sehen) ist für kleinere Teile vorgesehen.

Wand für Wand wächst das Haus

Gehobeltes Kantholz in einer Stärke von 58 × 58 mm, dazu 22 mm dicke Rauhspunddielen, Schrauben, Nägel, Bolzen und Muttern liegen bereit, ehe der Bau des Gerätehauses beginnen kann. Zuerst werden die Kanthölzer für die Rahmen der Wände nach Plan auf Länge geschnitten.

Die oben überstehenden Stücke, auf die die Dachsparren geschraubt werden, schrägt man entsprechend der Dachneigung ab. Am einfachsten geht das mit einer Handkreissäge, die sich passend einstellen läßt. Auch eine Kappsäge ist für diese Arbeit gut geeignet. Dann können die Hölzer stumpf zusammengesetzt, verschraubt und anschließend mit Rauhspundbrettern verkleidet werden.

Tag für die perfekte Inneneinrichtung

Die Außenwände werden vorgesetzt, wenn die beiden Innenwände mit mindestens einem Giebel verschraubt sind.

Die Türen werden aus wasserfest verleimten Rauhspunddielen gebaut, die auf einem in den Ecken verstärkten Leistenrahmen sitzen.

Zum Zusammenbauen wird mindestens ein Helfer gebraucht, denn erst einmal müssen die beiden inneren Längswände mit einem Giebel verschraubt werden. Steht dieser Kern, kann in Ruhe weitergearbeitet werden. Die zweite Giebelwand aufsetzen, Außenwände verschrauben, Türen anschlagen, schließlich Montage der mit Leisten verbreiterten Dachsparren, Aufnageln von Dachschalung und Eindeckung mit Bitumenbahnen.
Bevor die Inneneinrichtung mit Aufhängesystemen oder selbstgebauten Haken, Regalbrettern oder Wandhaltern für Fahrräder, Gartenschlauch oder Ski eingebaut wird, ist eine kleine Planungsphase sinnvoll. Denn erst einmal sollte man auflisten, was untergebracht werden soll.
Als letztes folgt der Anstrich mit einer guten Farbe, die das unbehandelte Holz dauerhaft gegen Wind und Wetter schützt. Ob eine Lasur oder eine Deckfarbe gewählt wird, ist Geschmackssache. Praktisch ist jede Farbe, die ohne weitere Vorbereitung übergestrichen werden kann. Die Innenwände müssen nicht unbedingt behandelt werden. Sie bleiben aber durch einen Anstrich länger ansehnlich.

Die Dachschalung besteht wie die Wände aus Rauhspunddielen, die von unten nach oben zusammengesteckt und aufgenagelt werden.

Bitumenbahnen machen das Dach wetterfest. Zuerst wird die untere Bahn verlegt, dann kommt die obere leicht überlappend darauf.

Im Sommerhaus ist für

Etwas Arbeit gibt es auch im Kinderhaus. Aber hier wird sie natürlich gern erledigt!

Kinder jeder Tag wie Ferien.

Der Traum aller Kinder: ein Haus, das nur ihnen gehört und in dem sie ungestört Geschichten erzählen, spielen oder lesen können.

Nur auf besondere Einladung (oder wenn sie ein ganzes Tablett mit Kuchen und Kakao mitbringen) haben Erwachsene Zutritt zum Sommerhaus, das mit seiner sonnigen Farbe und dem vielen Weiß so schön an die letzten Ferien in Dänemark erinnert. Denn die Eigentümer sind noch nicht ganz 10 Jahre alt und glücklich, daß sie hier das alleinige Hausrecht haben. Nur einer hat immer freien Eintritt: der Vater, Onkel oder Opa, der das Haus gebaut hat. Perfekt und sehr gemütlich, mit Veranda, Klöntür und Klappläden ist es bei Sonnenschein ebenso schön wie bei Regenwetter. Der Innenraum ist sogar groß genug, um darin mit den besten Freunden Ferien zu machen.

In der eigenen **Werkstatt** macht der Haus-

Nach der Zeichnung wird die Einkaufsliste für das Material zusammengestellt, das es im Baumarkt gibt.

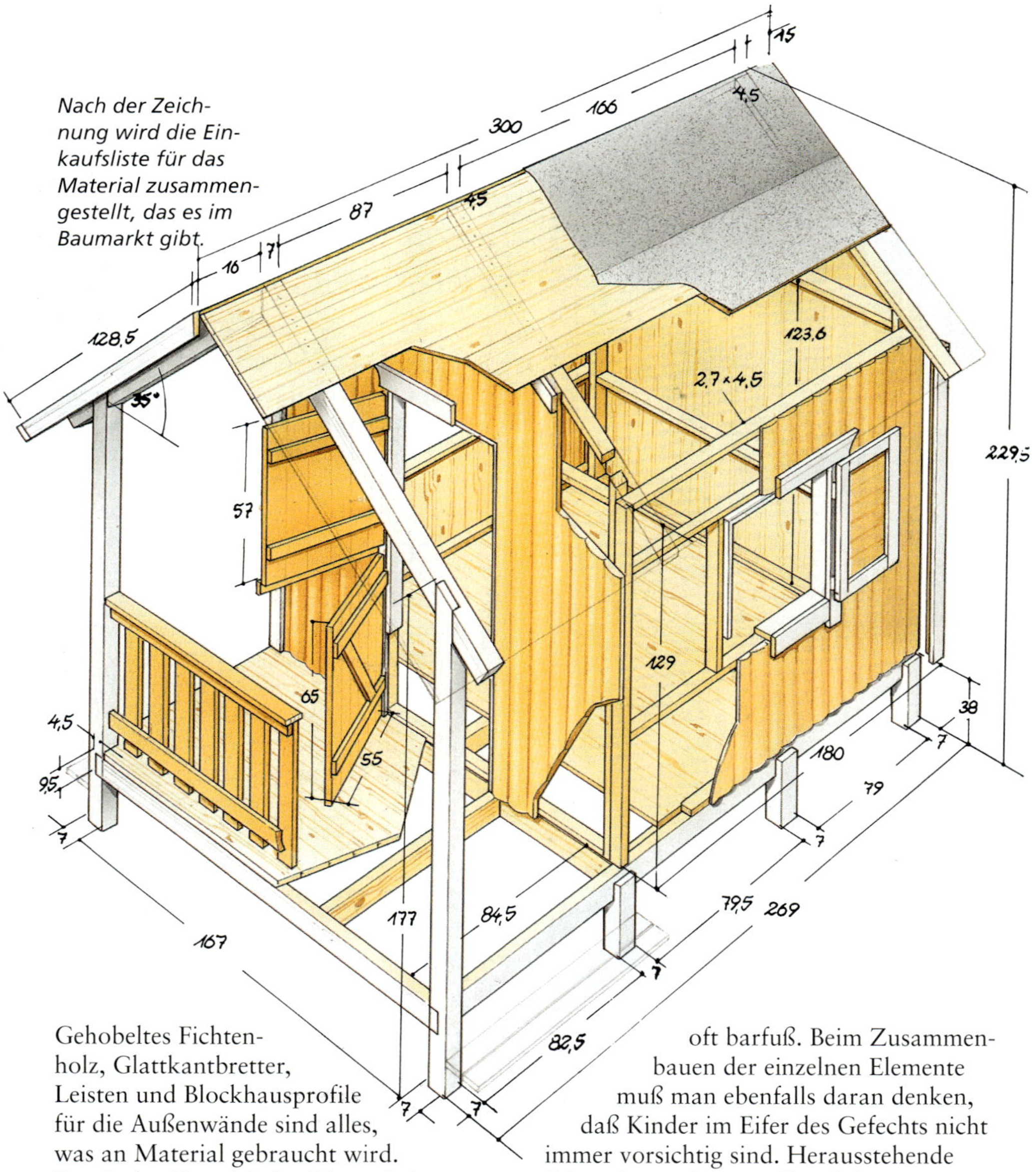

Gehobeltes Fichtenholz, Glattkantbretter, Leisten und Blockhausprofile für die Außenwände sind alles, was an Material gebraucht wird. Damit das Haus kindersicher wird und auch stürmische Spiele aushält, sollten die Maße unverändert übernommen werden. Wichtig ist die Qualität des Baumaterials: Alle Bretter und Kanthölzer müssen glatt geschliffen sein und dürfen keine scharfen Kanten haben. Das gilt besonders für die Bodenbretter, denn im Sommer laufen die Hausbesitzer oft barfuß. Beim Zusammenbauen der einzelnen Elemente muß man ebenfalls daran denken, daß Kinder im Eifer des Gefechts nicht immer vorsichtig sind. Herausstehende Schrauben- oder Nagelköpfe können schlimme Verletzungen verursachen und müssen deshalb sorgfältig versenkt werden. Ist das Haus für sehr kleine Kinder gedacht, müssen noch Stufen an die Stützen angebaut werden, die den Weg auf die Veranda erleichtern. Oft sind auch Griffe an den Pfosten praktisch, die den Aufstieg sicherer machen.

bau auch Erwachsenen viel Spaß.

Der schönste Spielplatz liegt im eigenen Garten. Egal, ob die Sonne scheint oder es regnet, das Spielhaus ist immer eine attraktive Alternative zum Zimmer im Wohnhaus, denn hier sind die Kleinen ungestört, können sich zum Lesen oder Spielen zurückziehen, mit ihren Freunden wichtige Probleme besprechen oder geheime Pläne aushecken.
Das Haus ist mit einer Grundfläche von 270 × 190 cm groß genug für alle diese Aktivitäten, aber immer noch so klein, daß sich in jedem Garten ein Platz dafür findet. Wird es nicht mehr gebraucht, kann es leicht abgebaut werden, denn es ist wie ein Fertighaus in Modulbauweise errichtet. Alle Wände werden in der Werkstatt oder auf der Terrasse vormontiert und auf der „Baustelle" nur noch zusammengeschraubt. Das erleichtert den Bau ganz erheblich. Direkt an Ort und Stelle wird nur der Unterbau hergestellt, denn die Stützen müssen gut im Boden verankert werden.
Ein großer Vorteil der Elementbauweise liegt in der Materialersparnis: Da die Einzelteile in sich sehr stabil konstruiert sind, kommt man mit geringeren Materialstärken aus. Außerdem kann jede Wand für sich noch einmal sorgfältig auf der Innenseite geschliffen werden, solange sie noch flach auf dem Boden oder zwei Böcken liegt und gut von allen Seiten zu erreichen ist. Auch Tür und Fenster sowie die Klappläden werden fix und fertig vorbereitet, bevor sie eingesetzt werden.
Den letzten Schliff bringt der Anstrich. Um Arbeit zu sparen, werden Fenster- und Türblenden ebenfalls vor der Montage in einer Kontrastfarbe gestrichen.

Mit Überblattungen werden die 7 × 7 cm starken Konstruktionshölzer verbunden, die den Dachüberstand der Veranda tragen.

Blockhausprofile zum Verkleiden der Wände geben dem Haus einen rustikalen Charakter. Fenster- und Türöffnungen aussparen.

Die Lattenrahmen der Fensterläden werden exakt ausgefälzt, damit die Blockhausprofile bündig eingeleimt werden können.

Der richtige Bauplatz: eine ungestörte Ecke mit ebenem Boden

Es wird nicht viel Platz für das Spielhaus gebraucht, doch er sollte gut ausgesucht werden. Die wichtigste Voraussetzung ist eine ebene Fläche, auf der die Stützen des Fußbodens leicht waagerecht ausgerichtet werden können. Kleine Unebenheiten lassen sich mühelos ausgleichen, größere gefährden aber die Standsicherheit, weil die Pfosten dann unter Umständen nicht mehr tief genug verankert sind. Rund um das Haus wird natürlich auch gespielt, und deshalb sollte die Fläche hier möglichst grasbewachsen und frei von spitzen Steinen und Wurzeln sein, die zu Stolperfallen werden können. Ist der Bauplatz in diesem Sinne nicht geeignet, sollte man ihn mit einer dicken Schicht Erde abdecken und neu einsäen. Auf diesem Platz können die Kinder dann auch unbeaufsichtigt spielen, ohne daß Gefahr besteht.

Spielhauses gebraucht.

***Der Boden** entsteht aus massiven Konstruktionshölzern. Die Stützen werden unter den Rahmen geleimt und zusätzlich verschraubt.*

***Das Geländer,** das zusammengeschraubt wurde, wird mit den überstehenden Querstreben in die Giebelpfosten eingelassen.*

***Die Fensterblenden** sind von außen angeschraubt. An ihnen werden die Scharniere der Klappläden befestigt.*

***Die Dachfläche** ist mit Rauhspundbrettern gedeckt, die mit verzinkten Senkstiften auf die Rahmenhölzer der Giebel genagelt sind.*

Wirksamer Wetterschutz ganz ohne Gift

Bauten aus Holz, die im Freien stehen, müssen gegen Feuchtigkeit und UV-Strahlen geschützt werden. Kommen Kinder damit in Berührung, scheiden gifthaltige Anstriche aus. Deshalb wurde das Kinderhaus mit wasserverdünnbarer Consolan-Wetterschutzfarbe gestrichen, die keine Wirkstoffe enthält. Die Wände im Innern bleiben unbehandelt, können aber auch mit Öl geschützt werden.

***Bitumenbahnen** machen das Dach wetterfest. Die obere Bahn überlappt die untere, die Kanten sind mit Pappstiften befestigt.*

Die schönste Art,

Sechs Ecken und ein leichter Knick geben dem Pavillondach Charakter. Eingedeckt ist es mit einfachen Schalbrettern.

ein Dach zu decken

Es muß nicht immer Dachpappe sein: Mit Schalbrettern, Schindeln oder Pfannen sehen Gartenhäuser und Pavillons schöner aus.

Gerade bei niedrigen Häusern und Pavillons ist so viel vom Dach zu sehen, daß das Material, mit dem sie gedeckt sind, den Charakter wesentlich bestimmt. Fast in Vergessenheit geraten ist die einfachste und preisgünstigste Eindeckung: Schalbretter, die von unten nach oben überlappend auf die Sparren genagelt werden. Wie am Beispiel des sechseckigen Pavillons zu sehen, ist diese Methode für jede Dachform geeignet. Die unbehandelten Bretter brauchen nur einen deckenden, zweimaligen Anstrich mit einer wetterfesten Acrylfarbe. Falls noch Fugen bleiben, dichtet man sie mit Silikon ab.

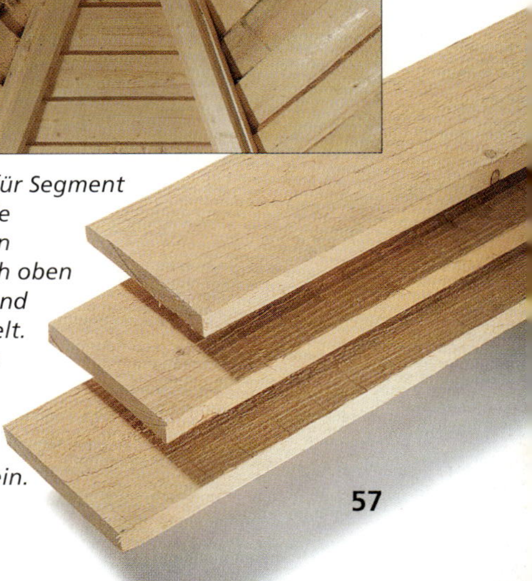

Segment für Segment werden die Bretter von unten nach oben überlappend aufgenagelt. Von innen muß das Holz nicht gestrichen sein.

Wertvolle **Schindeln** aus Holz, preiswerte

Ganz traditionell: Holzschindeln

In vielen Gegenden werden seit Jahrhunderten Holzschindeln verwendet, um Dächer zu decken und Fassaden zu verkleiden. Das Material war vorhanden, die Arbeit der Schindelherstellung erschwinglich, Verarbeitung und Pflege einfach. Wenn irgendwo ein Stück kaputt war, konnte es einzeln ersetzt werden, statt die ganze Fläche neu einzudecken.
Heute sind Schindeln relativ teuer, weil ihre Herstellung aufwendig ist. Doch der Preis wird durch die reizvolle Oberfläche aufgewogen, die besonders zu Holzhäusern hervorragend paßt. Ideal sind Zedernholzschindeln, weil sie keine Pflege brauchen. Der silbergraue Ton, den sie mit der Zeit annehmen, harmoniert mit dem der anderen Hölzer.
Die Deckung ist sehr einfach: Die Schindeln werden auf dicht gesetzte Dachlatten oder (wie hier) auf eine flächendeckend verlegte Sparschalung genagelt. Damit sie eine dichte Haut bilden, muß jede Lage die darunterliegende um mindestens die Hälfte überragen.

Die erste Reihe von Schindeln wird doppellagig aufgenagelt. Die Stücke versetzt und mit 4 mm Abstand verlegen.

Eine Leiste unter der zweiten Reihe Schindeln gleicht die Höhe der Doppellage aus. In der Folge direkt auf die Verschalung nageln.

Handgespaltene Zedernholzschindeln sind sehr edel und ohne Schutzanstrich langlebig.

Sehr elastisch: Bitumenschindeln

Als Belag für kurvenreiche Dächer oder solche mit Türmchen, Erkern, Vor- und Anbauten eignen sich Bitumenschindeln am besten, denn sie sind einfach in Form zu schneiden und so leicht, daß auch wenig stabile Dachkonstruktionen damit gedeckt werden können.
Hochwertige Bitumenschindeln werden durch eine Armierung mit imprägniertem Glasvlies stabilisiert und tragen meist Granulatfarbauflagen in Rot, Grün, Grau oder Schieferblau. Sie werden als Streifen mit mehreren Formteilen geliefert, die auf der später unsichtbaren Seite mit verzinkten Nägeln befestigt werden. Um das Material zu schonen, legt man Folie (Unterlagebahn) zwischen Schindelstreifen und Dachschalung.
Spezielle Formteile für First, Grate oder die Unterseite des Dachüberstandes gibt es nicht. Das ist jedoch kein Problem, denn die Blätter lassen sich mit einem Klingenmesser leicht in Form schneiden.
Grundsätzlich lassen sich Bitumenschindeln für Dächer mit 15 bis 85° einsetzen.

Die erste Reihe *wird mit Überstand auf der Dachschalung verlegt. Darüber ordnet man die zweite Reihe versetzt dazu an.*

Formen und Farben nach Wahl: Biber, Dreieck und Rechteck in Variationen.

Halbe Formate *werden für knifflige Stellen am Dach gebraucht. Im Vordergrund ein praktisches „Schnittmuster".*

Ein Pfannendach wie für das große Haus

Solide: Dachsteine aus Beton

Betondachsteine sind den klassischen Ziegeln nachgeformt, sind aber billiger und sicher ebenso langlebig. Besonders in Norddeutschland sind rote Dachsteine weit verbreitet, es gibt aber auch andere Farbtöne.
Wegen ihres hohen Gewichts werden sie für Gartenhäuser seltener gewählt, denn sie setzen einen sehr soliden Dachstuhl voraus. Wenn es aber darum geht, ein kleines Holzhaus oder einen Carport optisch besser mit dem ziegelgedeckten Haupthaus zu verbinden, sind die Betondachsteine die beste Lösung.
Natürlich ist auch dieses Material in verschiedenen Formvarianten zu haben. Standardmaß ist aber immer 332 × 420 mm bei einer mittleren Deckbreite von 300 mm. Nach diesen Abwessungen muß der Sparrenabstand gewählt werden, denn die Pfannen werden ja über die Dachlatten gehängt und halten sich durch ihr eigenes Gewicht. Eine durchgehende Dachschalung ist also bei dieser Art der Eindeckung störend. Sehr praktisch, wenn keine Dachfenster eingebaut werden, sind die passend gelieferten Glaspfannen.

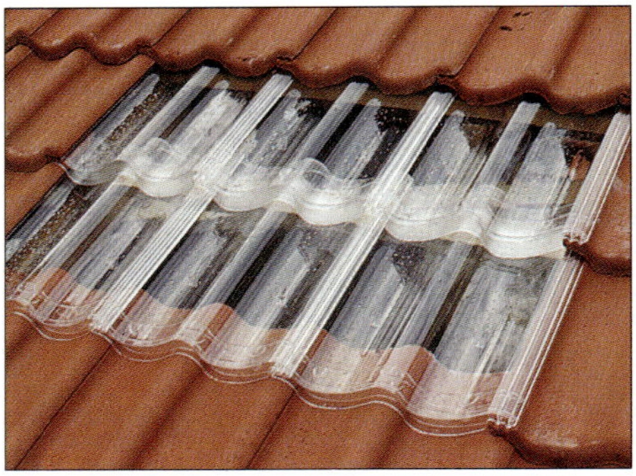

Glaspfannen werden genauso verlegt wie dichte Dachpfannen. Sie bringen auf einfache Art Licht in den Bodenraum.

Die Dachsteine werden einfach aufgelegt und mit einer Nase auf der Rückseite über die Dachlatten gehängt.

Doppel-S-Pfannen wie hier sind eine besonders in Norddeutschland verbreitete Eindeckung.

Ein einfacher

Der Sägebock, auf dem Holz gekürzt wird, paßt auch in den Schuppen.

Schuppen für Ihr Kaminholz

Das Brennholz für den Kamin muß gut durchgetrocknet sein. Am besten ist es im Schuppen dicht am Haus untergebracht.

Drei Wände und ein Dach machen schon den ganzen Schuppen aus, der wie ein geräumiger Schrank an die Hauswand angelehnt ist. Möglichst nah bei der Nebeneingangstür zum Haus ist der beste Platz dafür, denn dann sind die Wege für den Holztransport kurz, und die schöne Fassade bleibt unbeeinträchtigt.
Die Größe des Schuppens hängt davon ab, wieviel Stauraum benötigt wird und wieviel Grundfläche am Haus dafür zur Verfügung steht. Die Konstruktion ist so konzipiert, daß Veränderungen in Höhe und Breite möglich sind.

Auch für Gartengeräte ist der Anlehnschuppen geeignet. Mit einer Geräteleiste an der Hauswand läßt sich der Platz sehr gut nutzen.

Durch ein **Rastermaß** wird der Schuppen

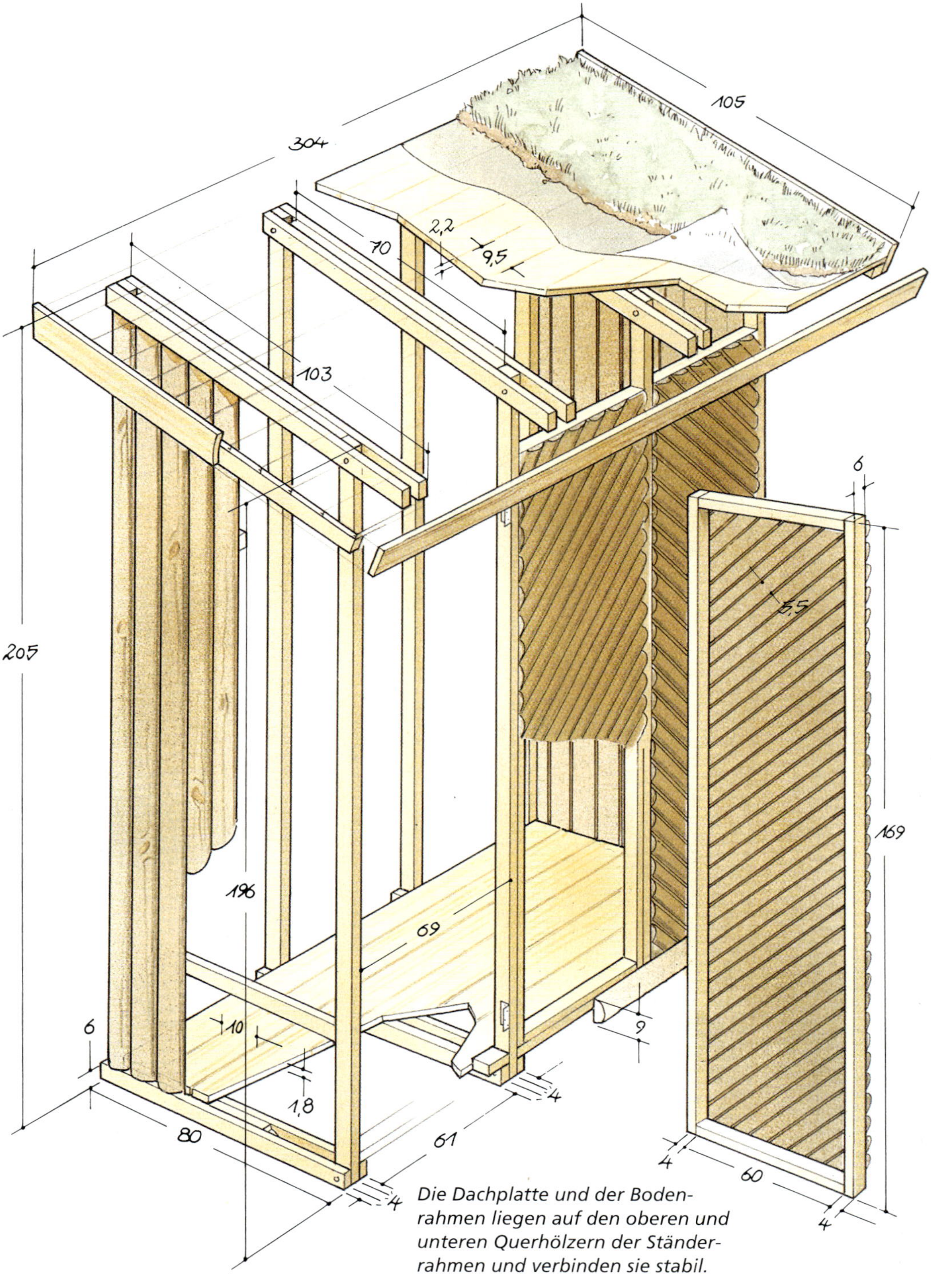

Die Dachplatte und der Bodenrahmen liegen auf den oberen und unteren Querhölzern der Ständerrahmen und verbinden sie stabil.

Ständerkonstruktion aus Leisten

Für den Bau des Schuppens wurden keine Fertigteile verwendet, sondern einfache Fichtenleisten, Bretter und Rauhspunddielen. Die Verkleidung der Wände gibt dem Gebäude sein unverwechselbares Gesicht: Sie ist aus imprägnierten Jägerzaunlatten, die es in fast allen Holzhandlungen und Gartenmärkten gibt. Die Latten werden mit millimeterschmalen Fugen nebeneinandergesetzt, so daß der Schuppen immer durchlüftet ist. So kann auch noch nicht ganz abgelagertes Holz hier gut durchtrocknen.
Kern des Schuppens sind Ständerrahmen aus Fichtenleisten (4 × 6 cm), die im Abstand von 69 cm aufgestellt werden. In diesem Rastermaß kann der Schuppen auch verlängert werden, je nachdem, wieviel Platz gebraucht wird. Zwischen den Rahmen können beliebig viele Türen eingesetzt werden, die bei dieser Breite handlich bleiben. Die Höhe ist ohnehin nach Bedarf veränderbar. Das einzige verbindliche Maß ist die Tiefe. Sie sollte 80 cm nicht überschreiten, denn bei größerem Abstand von der Wand müßten noch Mittelständer eingezogen werden. Die geringe Tiefe hat gleichzeitig den Vorteil, daß der gesamte Innenraum gut zu erreichen ist. Sehr angenehm macht sich das bemerkbar, wenn Gartengeräte statt Holz untergebracht werden: In dem schrankähnlichen Raum sind die Geräte nebeneinander aufgehängt oder gestellt und deshalb leicht zu erreichen.
Damit das Holz auch von unten trocken und luftig liegt, hat der Schuppen einen Fußboden aus Fichtenbrettern. Als Unterkonstruktion reichen Leisten in der Stärke der Ständer aus, zwischen denen die Ständerrahmen verschraubt werden.

Die senkrechten Leisten klemmen zwischen je zwei Querhölzern. Für die Verbindung nimmt man 6-mm-Schloßschrauben.

Ständerrahmen werden aus 4 × 6-cm-Dachlatten in der gewünschten Zahl gebaut. Für den gezeigten Schuppen wurden vier gebraucht.

Sechs Bodenbretter von 10 cm Breite werden mit 1 cm Abstand voneinander außen bündig auf Dachlatten geschraubt.

Die Ständerrahmen sind direkt am Haus oder an zwei querlaufenden, ans Haus gedübelten Leisten festgeschraubt.

Das Dach *wurde aus Rauhspundbrettern gebaut, die dicht zusammengeschoben und auf Dachlatten genagelt werden.*

Leistenrahmen *mit aufgenagelten Jägerzaunlatten bilden die Vorderfront. Zwei sind als Türen mit Scharnieren beweglich angebracht.*

Hausbau in mehreren Etappen

Die Bauarbeiten am Kaminholzschuppen lassen sich sehr gut auf mehrere Tage verteilen, denn alle Teile werden einzeln gebaut: Die Ständerrahmen in der gewünschten Anzahl, die Bodenplatte und das Dach liegen fix und fertig bereit, und so dauert die Montage meist nur einen Nachmittag.

Der hier gezeigte Schuppen ist an das Haus angelehnt und braucht deshalb keine Rückwand. Damit er stabil steht, wurden die Ständerrahmen aber an der Wand verdübelt. Um die Abstände zu ermitteln, stellt man sie zunächst probeweise auf und legt die Bodenplatte und das Dach ein, die auf Dachlatten zusammengeschraubt wurden. Diese Dachlatten sollen zwischen den Querhölzern der Ständerrahmen liegen.

Soll der Schuppen frei stehen, muß die Rückwand mit Diagonalen versteift werden. Man kann dafür verzinktes Stahllochband oder eine einfache Latte verwenden, die an mehreren Punkten von innen auf die Ständerrahmen geschraubt wird. Anschließend verbrettert man die Wand mit demselben Material wie die Seitenteile.

Beim Bau des Daches sind einige Besonderheiten zu beachten. Zunächst einmal wird es anders als die Bodenplatte aus Rauhspundbrettern gefertigt, die Nut und Feder haben und deshalb zu einer geschlossenen Fläche zusammengeschoben werden können. Ein Überstand von mindestens 20 cm an drei Seiten schützt die Wände gut vor Regen. Da die Dachlatten, die in die Doppelleisten einrasten sollen, nur 70 cm lang sein dürfen, liegen die vordersten Bretter lediglich auf den beiden äußeren Leisten auf. Wasserdicht wird das

Dach durch eine Abdeckung mit Dachpappe oder ein Gründach. Je nach Eindeckung wird die umlaufende Randleiste angebracht: Bei Dachpappe wird sie oben bündig angeschraubt, beim Gründach steht sie oben einige Zentimeter über und bekommt an der Vorderseite dicht über der Dachfläche einige Bohrlöcher, durch die das Regenwasser abfließen kann. Holzschutz ist bei dem Schuppen kaum nötig. Die Wandverkleidungen bestehen aus bereits imprägnierten Jägerzaunlatten, die höchstens aus dekorativen Gründen gestrichen werden. Die Dachrandleisten sowie die vorn sichtbaren Ständer streicht man mit einer Wetterschutzfarbe, die zum Braun der Wände paßt.

Rollrasen fürs Schuppendach

Ein Gründach zu bauen ist bei dem Schuppen einfacher als bei einem richtigen Haus. Auf der Dachfläche wurde einfach stabile Gitterfolie verlegt, die auf den oberen Kanten der Dachrandleiste festgetackert ist. An der Vorderseite bohrt man wie in der Leiste Wasserabzugslöcher. Auf die Folie kommt eine dünne Erdschicht, die mit Grassaat eingesät wird, oder eine Lage Rollrasen.

Bei den Türen *und dem Mittelteil wurden die Latten diagonal verarbeitet. Überstehende Enden mit dem Fuchsschwanz absägen.*

Die Seiten *des Schuppens werden mit langen Jägerzaun-Querriegeln verkleidet, die 7 bis 8 cm stark sind.*

Mit Scharnieren *werden die verkleideten Vorderteile zu Türen. Je nach Höhe der Elemente nimmt man zwei oder drei Scharniere.*

Ein Sitzplatz am Haus,

Im Blumenkasten unter der Pergola finden die Töpfe mit Sommerblumen oder duftenden Küchenkräutern Platz.

der zur grünen Laube wird

Rotbraunes Zedernholz und sehr viel Raum für Pflanzen sind das Besondere an diesem Sitzplatz, der auf der Terrasse oder am Gartenhaus gebaut werden kann.

Zwischen üppigen Pflanzen und geschützt vor Wind und neugierigen Blicken kann man wunderbar abschalten, den Alltag vergessen und einfach die Ruhe eines schönen Tages genießen. Der Sitzplatz mit Pergola, Rankgittern, Sichtschutzwand und einem Dach, das schon in wenigen Jahren dicht begrünt ist, bietet alles, was Erholung verspricht. Und er ist schnell zu bauen, denn alle Teile müssen nur noch zusammengebaut und aufgestellt werden.

Die Bänke aus Kanthölzern und Gartenholzbohlen sind sehr einfach gebaut und können in jeder Länge hergestellt werden. Rücklehne ist eine Bohle an der Wand.

Aus edlem **Zedernholz** wird eine Pergola,

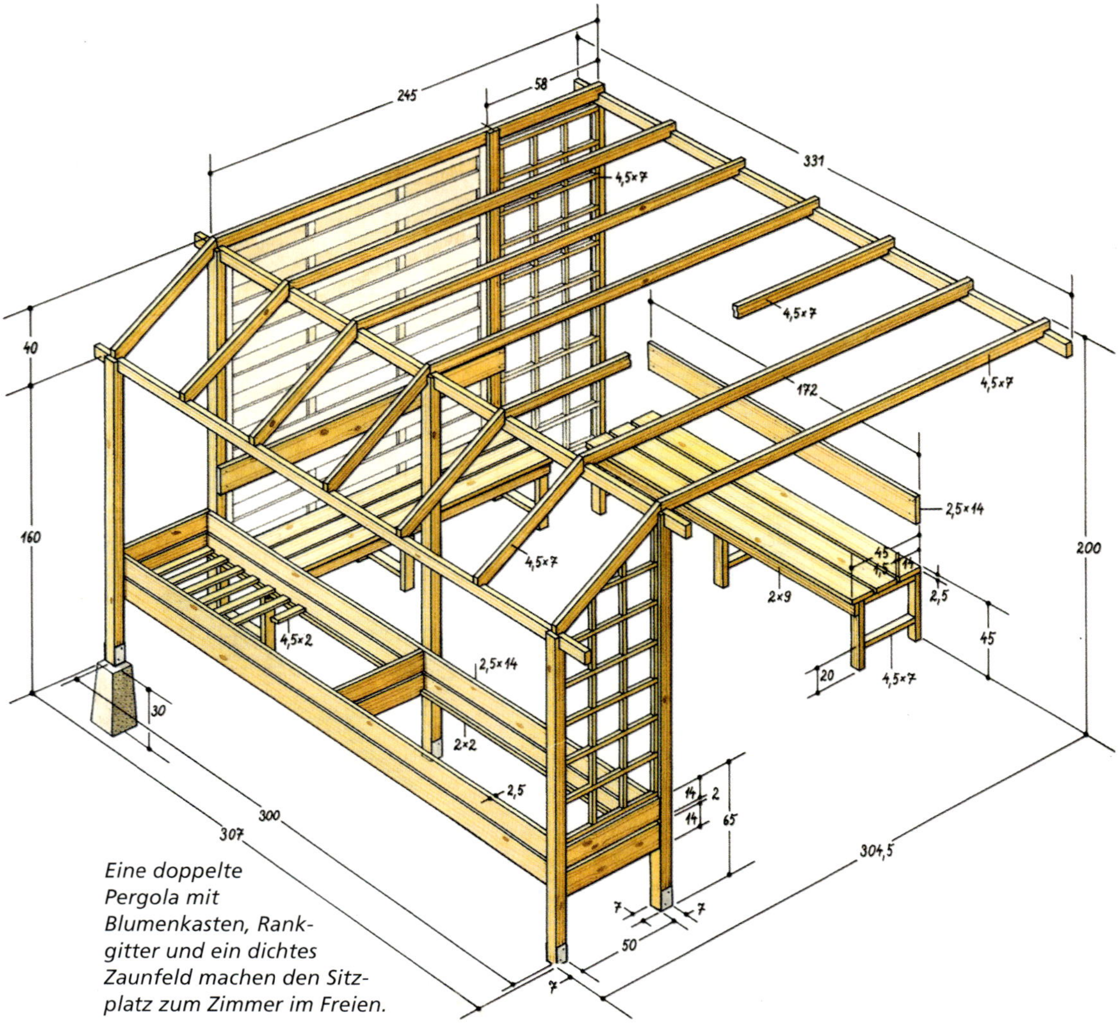

Eine doppelte Pergola mit Blumenkasten, Rankgitter und ein dichtes Zaunfeld machen den Sitzplatz zum Zimmer im Freien.

Rundherum geschützt durch schöne Wände und elegante Gitter

Zedernholz ist das wertvollste und das pflegeleichteste Holz für die Bauten im Freien. Denn es enthält von Natur aus imprägnierende Substanzen, die nicht nur das lebende, sondern auch das geschnittene Holz wirksam gegen Pilze und Bakterien schützt. Nur wenn ständig Feuchtigkeit eindringen und nicht abtrocknen kann, leidet das Holz. Deshalb werden Pfosten aus Zedernholz grundsätzlich mit Pfostenträgern auf Betonfundamenten im Boden verankert. So sachgemäß verarbeitet, hält es fast unbegrenzt – ohne Anstrich, ohne nachträgliche Imprägnierung. Wird Zedernholz überhaupt nicht behandelt, nimmt es im Lauf der Jahre einen silbrigen, zartgrauen Farbton an. Die leuchtend rotbraune Färbung des

Pfostenträger, *in denen die Stützen verankert sind, werden mit Blitzzement in die Fundamentblöcke einzementiert. Eine Richtlatte fixiert die Träger bis zum Aushärten.*

Eine Schraubzwinge *hält die in die Träger gestellten Pfosten. Nun werden die Schraublöcher gebohrt und die Holzschrauben mit Sechskantkopf eingedreht.*

frischen Holzes bleibt erhalten, wenn es alle paar Jahre mit einem leicht pigmentierten Öl gestrichen wird.
In Verbindung mit Pflanzen ist Zedernholz besonders schön, weil es sehr hart ist und deshalb in geringeren Dimensionen verarbeitet werden kann. Rosen, Klematis und Geißblatt können sich gut daran halten, das Gitter, an dem sie emporranken, verschwindet bald unter Blüten und Blättern. So ist es das ideale Material für einen geschützten Sitzplatz, der begrünt zu einer natürlichen Laube werden soll.
Als Rankhilfen für die Kletterer sind drei Rankgitter eingebaut. Farben und Blüten steuern die Blumen bei, die in den Töpfen im großen Blumenkasten wachsen. Soll der Kasten direkt bepflanzt werden, kleidet man ihn mit stabiler Teichfolie aus, die am Grund mit einigen Wasserabzugslöchern versehen wird.

Ein Sattelbalken *wird an der Hauswand mit Dübeln und Schrauben befestigt. Er ist die Auflage für die durchlaufenden Dachsparren, die mit Winkelblechen fixiert sind.*

Die Pfosten *sind am oberen Ende ausgeklinkt, und die Sattelbalken müssen nur eingelegt und verschraubt werden. Das ist einfach und sieht perfekt aus.*

Die Dachsparren *müssen am oberen Ende ausgeklinkt werden. Dafür nimmt man ein Drittel der Materialstärke weg, legt den Sparren auf den Sattelbalken und setzt eine Schraube.*

Fertiges ideenreich kombiniert

Mit guten Bausätzen zu arbeiten hat einen riesengroßen Vorteil: Alle Einzelteile sind sehr gut vorbereitet. Von den schön glatt geschliffenen Oberflächen über den exakten Zuschnitt bis hin zu den Verbindungen, die nur ein sehr geübter Handwerker ähnlich perfekt schafft. Alles, was mit Systemteilen gebaut wird, sieht professionell aus, ist aber in Eigenregie entstanden. Und, was noch wichtiger ist, es ist maßgenau auf die eigenen Wünsche und Möglichkeiten abgestimmt.
Der Sitzplatz mit Pergola und Sichtschutzwand zeigt nur, wie verschiedene Elemente miteinander kombiniert werden können. Die räumliche Situation ist überall ein bißchen anders – vielleicht gibt es bereits ein hohen Zaun an der Grundstücksgrenze, der integriert werden kann, vielleicht muß statt des Hauses, an das sich der Platz hier anfügt, eine zweite Wand gebaut werden. Wer keinen Wert auf Topfblumen legt, setzt statt des großen Kastens möglicherweise wandhohe Rankgitter ein. Der Vorteil des Bausatzes zeigt sich auch hier: Da alle Teile auf ein Rastermaß abgestimmt sind, können sie mühelos kombiniert werden.
Für alles, was mit keinem Bausatz zu realisieren ist, gibt es Gartenhölzer in verschiedenen Formaten und Längen. Auch hier sind die Oberflächen perfekt, doch die Konstruktion muß selbst entworfen werden.
Bei dem hier gezeigten Sitzplatz wurden die Bänke aus Gartenhölzern unterschiedlicher Breite gebaut. Sie sind extrem einfach, können in jeder beliebigen Länge gefertigt und durch Sitzkissen in bequeme Lager verwandelt werden, auf denen sich herrlich faulenzen oder feiern läßt.

Schräge Sparren überdecken den Raum über dem Pflanzkasten. Sie werden mit der Schraubzwinge provisorisch fixiert, dann zeichnet man die Schnittlinien mit Bleistift an.

Der Pflanzkasten hat Wände, die aus zwei breiten Brettern bestehen. Sie werden mit etwas Abstand voneinander von innen an die Pergolapfosten geschraubt.

Als Boden legt man schmale Leisten ein und schraubt sie mit ca. 2 cm Abstand auf der Auflage an, die an der Unterkante der Seitenwände angesetzt wurde.

Der Flechtzaun wird mit speziellen Winkeln zum Einschrauben zwischen die Pfosten gesetzt. Er sollte verzinkt sein, da das Holz bei Berührung mit Stahl oder Eisen schwarz wird.

Gemütliche Sitzplätze für

Gitter an Pfosten und als oberer Abschluß der Zaunfelder lockern die Wandflächen auf.

sonnige Ecken im Garten

Der Platz direkt am Haus ist oft nicht der beste für einen schönen, geräumigen Sitzplatz. Das ist aber kein Grund, ganz auf eine Terrasse zu verzichten.

Wenn der Garten an der Nordseite des Hauses liegt, die Hausseite durch Erker und Anbauten wenig Raum bietet oder unter hohen Bäumen im Dauerschatten liegt, eignet sich dieser Platz schlecht für eine Terrasse. Schließlich will man hier die Sommersonne genießen, Platz für eine große Kaffeetafel haben oder auch mal ein Sommerfest mit vielen Freunden feiern können. Selbst wenn es eine Terrasse am Haus gibt, ist es attraktiv, einen zweiten Sitzplatz zu haben, zu dem man sich mal zurückziehen und ungestörte Stunden im Grünen genießen kann.
In jedem Garten gibt es Ecken, die sich ideal für Sitzplätze eignen. Oft allerdings liegen sie so frei, daß sie von Nachbargärten aus ungehindert einzusehen sind oder der Wind den Aufenthalt dort ungemütlich macht. Um auch diese Ecken zu nutzen, gibt es viele Möglichkeiten. Die interessantesten zeigen wir hier: Sitzplätze, die von Sichtschutzzäumen eingerahmt und begrünt sind, die sich genau in die vorhandene Ecke einfügen und mit einem Dach auch noch Schutz gegen gelegentliche Sommerregen bieten. Die dichten Wände werden Teil der Grundstückseinfriedung und können sogar mit kleinen Unterständen kombiniert werden, in denen sich Gartenmöbel oder Geräte unterbringen lassen. Baumaterial dafür gibt es in Garten- und Baumärkten in großer Auswahl, fertig vorbereitet für den Aufbau nach eigenen Plänen.

1. Vorschlag

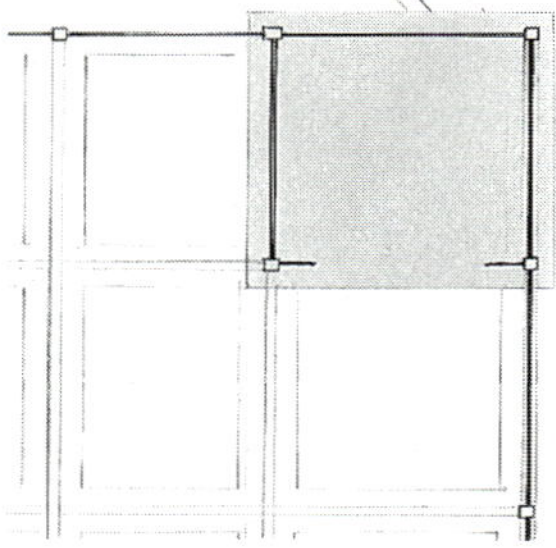

Der Unterstand nimmt ein Viertel der Terrassenfläche ein. Seine Größe ergibt sich aus den Rastermaßen der Sichtschutzelemente, 180 × 150 cm. Auf dieses Maß sind auch die Pfostenabstände abgestimmt. Die Rankgitter sind 30 cm breit, so daß ein kombiniertes Zaunfeld 180 × 180 cm groß wird.

2. Vorschlag

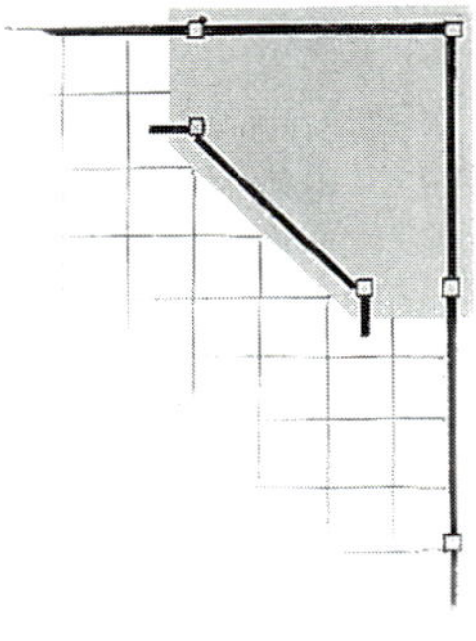

Zwei Eingänge hat der diagonal in die Ecke gebaute Unterstand, für den zwei zusätzliche Pfosten gesetzt werden müssen. Die beiden Rückwände bestehen aus quer verarbeiteten Zaunfeldern, vorn wurde ein Feld senkrecht gesetzt. Die Wand ist also nur 150 cm breit, und die Eingänge bleiben breit genug.

Platz aus fertigen Elementen gebaut.

Die Suche nach dem richtigen Standort ist der wichtigste Schritt zum Sitzplatz im Garten. Ideal sind sonnige Ecken am Grundstücksrand oder vor einem unansehnlichen Gebäude, das durch die Sichtschutzzäune verdeckt wird. Ob es dort windig ist, spielt keine Rolle, denn die Zäune geben ausreichend Schutz.
In Garten- und Baumärkten werden sehr viele verschiedene Modelle angeboten, die es in naturbelassener Zeder, druckimprägniertem Kiefernholz oder deckenden Farben gestrichen gibt. Auch in Breite und Form variieren die Elemente. Vom fast quadratischen Dichtzaun bis zum bogenförmigen oder eckig abgestuften Endteil gibt es fast alles. Damit die Wind- und Sichtschutzwände nicht allzu langweilig wirken, sollte man verschiedene Formen abwechseln und Teile vorsehen, die berankt werden können oder farbig abgesetzt sind.
Am Anfang der Planung steht ein Grundriß des Gartens mit Maßen des gewählten Platzes. Mit Hilfe der aus den Programmen von Gartenholzherstellern ausgewählten Bauteile wird dann eine detaillierte Skizze erstellt, auf der die Position der Pfosten und Zaunelemente eingezeichnet wird. Auch der Bereich, der überdacht werden soll, wird markiert. Nach dieser Planskizze wird das Material bestellt.
Der Bau beginnt meist mit dem Pflastern oder Anlegen eines Holzbodens. Dieser Raum sollte großzügig bemessen sein – er kann mit Hilfe von Blumenkübeln immer noch optisch verkleinert werden.

3. Vorschlag

Für eine spitze Grundstücksecke, die als Sitzplatz kaum zu nutzen ist, ist die Lösung mit einem winkligen Unterstand ideal. Wie beim 1. Vorschlag werden dafür ein zusätzlicher Pfosten und ein Zaunfeld benötigt. Die spitze hintere Ecke bleibt wie hier ohne Dach, wenn dort z.B. der Komposter steht.

So werden die Wände begrünt

Sichtschutzwände sind schöner, wenn sie begrünt werden. Deshalb sollte die Fläche sooft wie möglich mit Rankgittern aufgelockert werden. Als Pflanzfläche für Kletterer reichen etwa 50 × 50 cm offene Erde aus – die Größe einer Bodenplatte, die vor dem Gitter weggelassen wird.

***Die Pfosten** werden in den markierten Positionen eingesetzt und mit der Wasserwaage ausgerichtet, bevor der Boden gestampft ist.*

***Das Rankgitter** bildet den oberen Abschluß des quer eingesetzten Zaunfeldes und ergänzt es zu einer Höhe von 180 cm.*

***Die Sattelbalken** liegen bündig auf den Pfosten und werden mit Winkeleisen von innen her festgeschraubt.*

Gute Planung spart viel Geld

Die Planskizze, die vor dem Einkauf angefertigt wurde, gibt die genaue Menge des benötigten Baumaterials an – bis hin zu den Wandhaltern, an denen die Zaunfelder befestigt werden. In dieser Skizze muß schon vermerkt werden, welche Zaunfelder an welcher Stelle eingesetzt werden sollen, denn wenn wie hier gezeigt die Zaunfelder abwechselnd quer und längs verarbeitet werden, weil Platz für Rankgitter geschaffen werden soll, ergeben sich um 30 cm unterschiedliche Pfostenabstände.

An manchen Plätzen kommt man dennoch nicht mit den üblichen Rastermaßen zurecht. Hier muß dann mit mehreren schmalen Zaunfeldern gearbeitet werden. Dadurch werden zwar mehr Pfosten gebraucht, dafür steht am Ende eine maßgeschneiderte Lösung. Sollen die Sichtschutzwände mit abgestuften Elementen enden, werden die Pfosten gekürzt. Am besten so, daß aus einem Holz zwei Pfosten werden.

Die Pfosten müssen exakt in einer Flucht stehen, damit die Felder sich problemlos einsetzen lassen. Deshalb setzt man zuerst die jeweils ersten und letzten Pfosten einer Seite und spannt zwischen ihnen eine Richtschnur. Sie gibt die Position an. Um die Senkrechte zu erreichen, kontrolliert man den Stand immer wieder mit der Wasserwaage.

Auch für die Ausrichtung in der Höhe nimmt man eine Richtschnur zu Hilfe. Sie wird an einer Krampe auf dem ersten und letzten Pfosten befestigt. Dabei muß man darauf achten, im Bereich des Dachs ein leichtes Gefälle vom Sitzplatz weg anzulegen, damit das Wasser nach hinten abläuft.

Die Pfosten können einfach in den Boden eingegraben oder mit Fundamenten bzw. Bodeneinschlaghülsen verankert werden. Je nach Boden muß das Loch extra vorbereitet werden: Es kommt darauf an, daß das Holz niemals über längere Zeit in feuchter Erde steht.
Das Dach wird aus Rauhspundbrettern gebaut, die in Standardlängen von 240 bis 340 cm zu haben sind. Sie haben Nut und Feder und lassen sich zu einer dichten Fläche zusammenschieben, die mit Dachpappe benagelt wird. Dabei beginnt man mit der Bahn am niedrigsten Teil des Daches und legt die folgenden überlappend daran. Damit die Kanten verdeckt werden, setzt man eine umlaufende Randleiste um die ganze Fläche.
Als Lager für die Dachfläche dienen Sparren, die direkt auf die Sattelbalken zwischen den Pfosten geschraubt werden. Als Material nimmt man schmale Kanthölzer oder Pfostenhölzer, die auch von unten gut aussehen. Die Rauhspundbretter werden einfach aufgenagelt.

Baukästen, aus denen Sie Ihren Sitzplatz bauen können

Das Material für den hier gezeigten Sitzplatz stammt aus dem Programm der Firma Plus, das über Hamil Rath OHG, Scheffelstr. 17, 22301 Hamburg zu beziehen ist. Ähnliche Programme bieten die Firmen Ostermann & Scheiwe, Hafenweg 31, 48155 Münster, Brügmann & Sohn GmbH, Kanalstr. 80–90, 44147 Dortmund, und 1001 Holzsysteme O. A. Lüghausen KG, Postfach 1653, 53706 Siegburg.

Rauhspundbretter sind die beste Dacheindeckung. Sie werden auf die Sparren genagelt und dann rundum gerade gesägt.

Dachpappe wird bahnenweise von unten nach oben aufgelegt, an den Kanten umgeschlagen und mit Dachpappnägeln befestigt.

Eine Wand läßt sich herausnehmen. So wird z. B. für Gartenfeste ein nutzbarer, überdachter Raum geschaffen.

Die Terrasse am Haus,

Mit Kletterpflanzen und Sommerblumen wird die Terrasse begrünt.

die voller guter Ideen steckt

Komplett wie ein Zimmer im Grünen ist die große Holzterrasse eingerichtet. Die Ideen, die darin stecken, eignen sich aber auch für kleine Sitzplätze.

Berankte Pergolen sind die Wände, der Boden ist ein Holzdeck, die Decke der Himmel: So ein Zimmer im Freien wird im Sommer zum Mittelpunkt des Lebens, sobald das Wetter es einigermaßen erlaubt. Die Einrichtung mit Pflanzkästen, einem Minitreibhaus und der Arbeitsplatte daneben macht den Raum für Hobbygärtner attraktiv, Genießer freuen sich über die eingebaute Bank, auf der sie es sich allein oder zu zweit gemütlich machen, und über den vielen Platz, der sich dank raumsparender Einbauten auch mal für ein Fest mit vielen Gästen eignet. Die hier gezeigte Holzterrasse wurde auf einem ungenutzten und unansehnlichen Garagendach gebaut. Alle Teile sind aber so variabel, daß sie jedem anderen Standort angepaßt werden können.

Die schweren **Pflanzkästen** geben der

***Bodenhölzer** für das Deck werden nur in Streifen von drei Brettern an den Rändern und in der Mitte der Fläche fest verschraubt.*

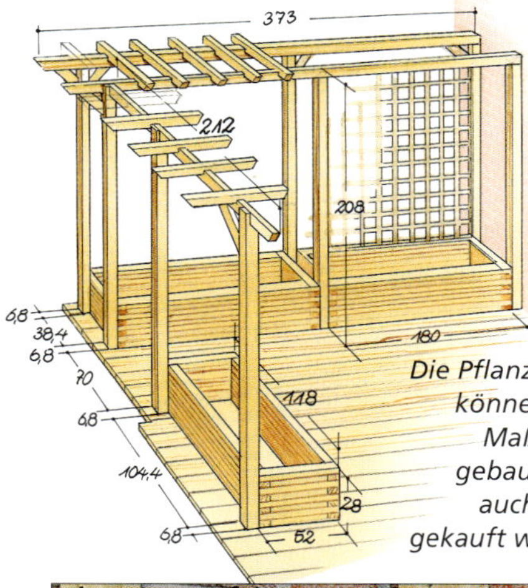

Die Pflanzkästen können nach Maß selbst gebaut, aber auch fertig gekauft werden.

Alle Bauelemente stehen frei

Normalerweise geht der Bau einer Pergola oder eines Holzdecks nicht ohne einige Erdarbeiten. Die Pfosten werden eingegraben, die Lagerbalken für das Holzdeck auf ebenfalls eingegrabenen Stützen montiert. Doch es geht auch anders: Da auf einem Garagendach (oder einer asphaltierten Fläche im Hinterhof) nichts im Boden verankert werden kann, muß die notwendige Stabilität auf andere Weise geschaffen werden.
Als Gewichte eignen sich große Pflanzkästen, die, mit Erde und Pflanzen gefüllt, kaum noch zu bewegen sind. Sie werden aus Bodenhölzern im Rastermaß der Pergola gebaut. Wo Rankgitter vorgesehen sind, geben sie das Maß an. Innen werden die Pflanzkästen mit Teichfolie wasserdicht ausgekleidet, oft passen auch fertig gekaufte eckige Mörtelkübel gut in den Holzrahmen.
Die Pfosten werden an jeweils zwei Punkten an den Pflanzkästen verschraubt. Nur die, die direkt an der Hauswand stehen, werden dort mit Dübeln verankert.

***Die Pfosten,** die an der Wand stehen, werden im Mauerwerk verschraubt. Die Dübel werden am besten in die Mörtelfugen gesetzt.*

***Rankgitter** gibt es in unterschiedlichen Abmessungen. Sie werden mit einem Fuchsschwanz passend zurechtgeschnitten.*

Pergola ausreichenden Halt.

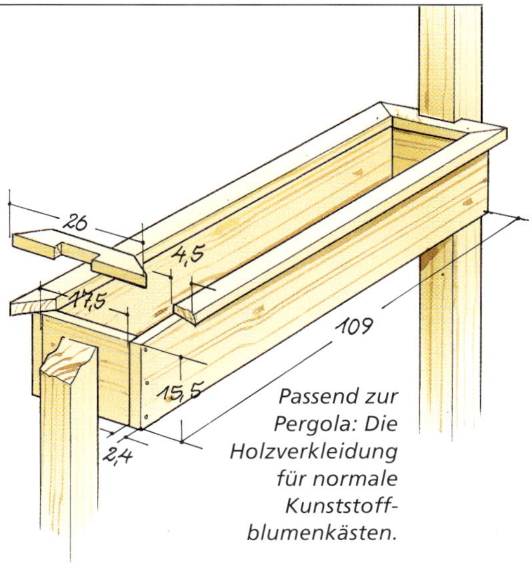

Passend zur Pergola: Die Holzverkleidung für normale Kunststoff-blumenkästen.

Auch der Bau des Holzdecks unterscheidet sich durch die besondere Situation auf dem Garagendach vom üblichen Verfahren: Die Lagerhölzer werden lose verlegt, kleine Unebenheiten im Untergrund mit untergelegten Holzklötzchen ausgeglichen. Die Klötzchen dienen auch als Abstandhalter für die Lagerhölzer, die möglichst nicht vollflächig auf dem nach kräftigen Regenfällen nassen Dach liegen sollten. Jedes Dach hat ein leichtes Gefälle. Wird das Deck auf einem Flachdach gebaut, kann man das vorhandene Gefälle übernehmen. Auf anderem Untergrund dagegen muß durch Distanzhölzer ein Gefälle vom Haus weg geschaffen werden. Damit die Dachhaut auch nach dem Terrassenbau noch zugänglich bleibt, kombiniert man je drei fest mit den Lagerhölzern verschraubte Bodenhölzer an den Rändern und in der Mitte der Terrasse mit lose eingelegten Rosten aus Bodenhölzern und Querlatten. Diese Roste sollten höchstens sechs Bretter breit sein, damit sie sich noch gut aufnehmen lassen.

Die Blumenkästen werden aus Gartenholzbrettern gebaut, die stumpf zusammengesetzt, verleimt und verschraubt sind.

Pergolareiter sind mit Ausklinkungen für ein- oder zweireihige Pergolen zu haben. Sie werden aufgesetzt und von oben verschraubt.

Mit zwei Schrauben an jeder Seite wird der Kasten an den Pergolapfosten verschraubt. Der Leistenrand ist nur aufgeleimt.

Die praktische **Einrichtung** ist zwischen

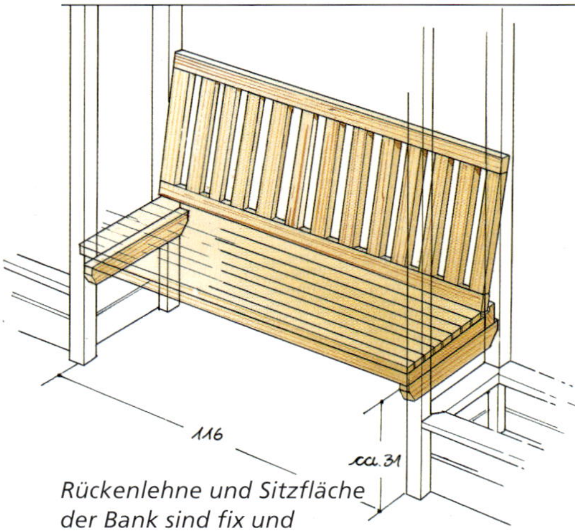

Rückenlehne und Sitzfläche der Bank sind fix und fertig, sogar die Tragehölzer werden mitgeliefert.

Bank, Tisch und Treibhaus

Die Einrichtung der Terrasse richtet sich natürlich nach den eigenen Wünschen und Lebensgewohnheiten. Die drei Elemente, die hier eingebaut wurden, sind deshalb nur Beispiele, mit denen einige Möglichkeiten aufgezeigt werden sollen. Mit Ausnahme der Bank, die es passend zum Pergolaprogramm gibt, sind die Teile nach eigenen Maßen selbst gebaut. Die Arbeitsfläche, die auf zwei Querleisten liegt, wird zwischen zwei Doppelpfosten eingepaßt. Sie ist 108 cm breit, könnte aber bis ca. 120 cm verbreitert werden, ohne an Tragfähigkeit zu verlieren. Sie wird aus Bodenhölzern gebaut. Wer gerne gärtnert, kann den Raum über und unter dem Brett für weitere Ablageborde, vielleicht sogar einen Unterschrank nutzen, in dem sich Geräte und Utensilien unterbringen lassen. Variabel ist auch das Maß des Gewächshauses, das hier wie ein verglaster Schrank mit quadratischer Grundfläche gebaut ist. Die fehlende Größe wird dadurch ausgeglichen, daß es mehrere Etagen für Aussaatschalen oder Töpfchen mit Keimlingen

Pfosten *in einer Doppelreihe und die äußeren Pflanzkästen bilden zusammen mit den verschraubten Sattelbalken eine stabile Einheit.*

Die Bank *wird mit ein paar Handgriffen zwischen der äußeren und der mittleren Pflanzsäule eingesetzt und festgeschraubt.*

Die Trageleisten *für die Sitzfläche und die Pfosten werden vorgebohrt, damit sich die langen Spaxschrauben gut eindrehen lassen.*

und Jungpflanzen gibt. Es ist aber ebensogut möglich, den verglasten Raum auf ein ganzes Feld zwischen zwei Pfostenpaaren auszudehnen. Besonders wenn eine geschlossene Wand als Windschutz angenehm wäre, ist solch eine Variation sinnvoll. Der Bau ist unabhängig von der Größe gleich: Zwischen die Pfosten werden oben und unten genutete Leisten gesetzt, in die das zugeschnittene flexible Kunstglas (gutta-gliss) eingeschoben wird. Links und rechts werden die Bahnen zwischen zwei Leisten geklemmt. Die Tür wurde aus Konstruktionsleisten gebaut, die an den Ecken auf Gehrung zugeschnitten und mit einer 1 cm tiefen, 5 mm breiten Nut für das Kunstglas versehen sind. Außerdem bekommt die Tür einen stabilisierenden Mittelsteg, der ebenfalls genutet wird. Die Rahmenhölzer werden mit wasserfestem Leim und Schrauben verbunden. Damit die Tür fugenlos schließt, werden die Scharniere ins Holz eingelassen. In Höhe des Mittelstegs bringt man einen Vorreiber als Verschluß an.

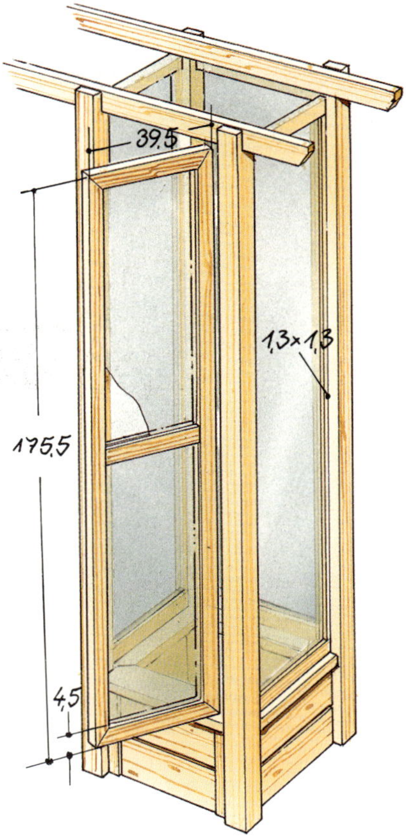

***Das Treibhaus** ist an drei Seiten fest verglast. Es erhält mehrere Einlegeböden, auf denen Schalen und Töpfe stehen können.*

***Die Leisten,** die die Einlegeborde tragen sollen, werden vorgebohrt und dann an den Pfosten festgeschraubt.*

***Der Rahmen** für das Kunstglas besteht aus genuteten Leisten oben und unten sowie je zwei Leisten an den Längsseiten.*

Pergola mit Rollen: die

Durchblick, aber nicht zuviel Einblick gewährt die berankte Pergola. Auf der Innenseite ist ein Regal eingebaut.

dritte Wand für die Terrasse

Blumenkasten, Rankwand, Regal: Diese Pergola ist alles gleichzeitig. Im Sommer steht sie ganz nach Wunsch mal an der Wand, mal am Rand der Terrasse.

Die Frage, ob die Terrasse ein gemütlicher Platz sein soll, der nicht von allen Seiten einsehbar ist, oder ob sie sich zum Garten öffnen und den freien Blick auf Blumen und Rasen erlauben soll, läßt sich einfach mit „Ja“ beantworten. Denn mit einer mobilen Pergola ist beides möglich. Das Möbel wird einfach an den gewünschten Platz gerollt.
Beim Sommerfest auf der Terrasse zeigt die Pergola sich von einer weiteren guten Seite, denn auf Regalbrettern lassen sich Gläser, Flaschen, Teller und das ganze Salatbuffet unterbringen. So spart man den Platz für einen großen Tisch.

Auf großen Schwerlastrollen gleitet die Pergola leicht über den Boden, wenn das Terrassenpflaster stufenfrei und eben ist.

Auf stabilen **Rollen** gleitet die Pergola leicht

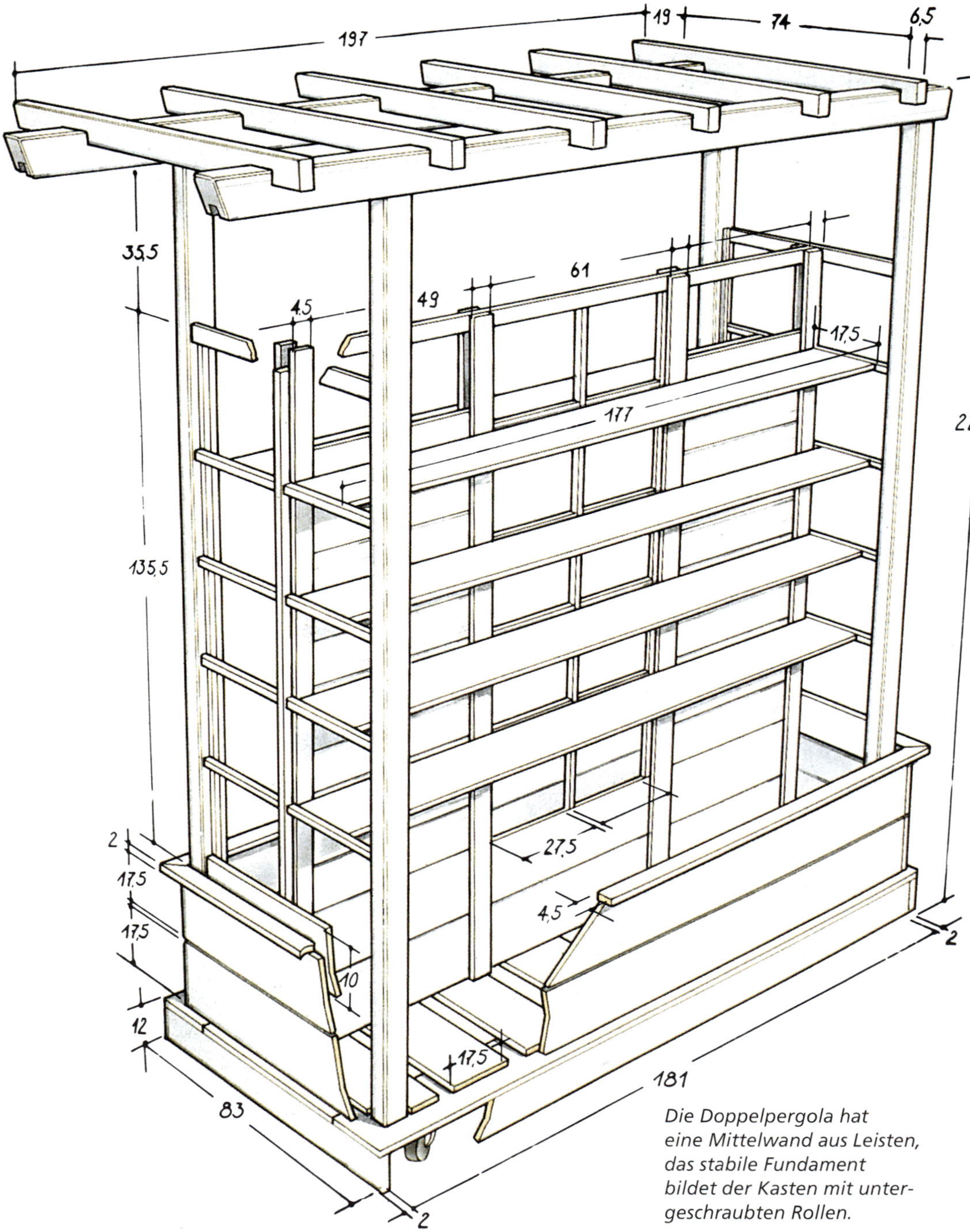

Die Doppelpergola hat eine Mittelwand aus Leisten, das stabile Fundament bildet der Kasten mit untergeschraubten Rollen.

Pergolabausatz und Gartenholz

Mit einem Bausatz für eine Doppelpergola ist schon ein großer Teil des Materials angeschafft. Dazu kommen nur noch einige Bretter aus dem Gartenholzprogramm, aus denen der Blumenkasten und das Regal gebaut wird. Die Rankgitter an den Seiten sowie in der Mitte sind aus Leisten zusammengesetzt. Der Bausatz muß einfach nur montiert werden, während Leisten und Bretter nach den vorgegebenen Maßen aufgetrennt und gekürzt werden müssen. Damit diese Teile zu der Pergola passen, die ja perfekte Oberflächen hat, werden alle Schnittkanten mit dem Bandschleifer angefast.
Nicht immer paßt allerdings ein fertiger Bausatz, der ja die Größe der rollenden Pergola vorgibt. Soll das mobile Möbel kleiner gebaut werden, kauft man Pfosten und Reiter einzeln im Baumarkt. Die Größe der gesamten Pergola kann problemlos je nach den räumlichen Möglichkeiten auf der Terrasse verändert werden. Viel größer als hier gezeigt sollte sie allerdings nicht sein, denn dann würde sie zu schwer und sperrig.
Sehr reizvoll ist die Kombination der rollenden Pergola mit einem fest eingebauten, ähnlich konstruierten Element. In unserem Beispiel bot es sich an, das Regenfallrohr hinter Rankgittern zu verstecken, und damit alles zusammenpaßte, wurde auch dieses Element mit einem eigentlich nicht notwendigen Pflanzkasten und Pergolareitern versehen. Die Sattelbalken an der Verkleidung ragen wie ein kleines Vordach weit heraus und schaffen die Verbindung zur Rollpergola, die daran anschließt: Auf diese Weise entsteht eine bis zum Haus reichende Wand mit einem kleinen Torbogen.

Die Querbretter des Kastens werden entsprechend der Breite der Doppelpergola zugeschnitten und von außen an die Pfosten geschraubt.

Die Lenkrollen schraubt man unter die Ecken des Bodenrahmens, dort, wo die Pfosten sitzen. Vor dem Befestigen prüfen, ob sie sich trotz Blende rundum drehen lassen.

***Die Pfosten** haben am oberen Ende Zapfen, die in die Nut der Sattelbalken gesteckt werden. Die Verbindung wird von oben mit einer langen Schraube fixiert.*

***Die Reiter** werden in gleichmäßigen Abständen auf den Sattelbalken verteilt und von oben genagelt. Sie haben Ausklinkungen, in die die Sattelbalken hineinpassen.*

Vier Pfosten als solides Gerüst

Der Bau der Pergola beginnt mit Zuschneiden und Sortieren des Baumaterials. Zunächst setzt man die Längsseiten aus zwei Pfosten, einem Sattelbalken und zwei Brettern zusammen. Das geht mühelos, wenn alle Teile auf dem ebenen Terrassenboden ausgelegt werden. Die Bretter für den Blumenkasten schraubt man mit einem kleinen Abstand voneinander auf, weil der Kasten dann weniger wuchtig wirkt. Sind beide Seiten fertig, stellt man sie auf, befestigt die Querbretter der einen Schmalseite provisorisch mit Schraubzwingen, während die der anderen Seite schon endgültig befestigt werden. Dann wird das ganze Stück noch einmal hingelegt, damit die Rollen untergesetzt werden können.
In aufrechter Position montiert man nun alle übrigen Teile: den Boden des Kastens, die oben querlaufenden Reiter, die umlaufende Blende am Fuß des Kastens, die Querstreben an den Schmalseiten und das teilweise mit Brettern geschlossene Gitter in der Mitte. Die Regalbretter werden zuletzt in die Seitengitter eingelegt und mit kurzen Schrauben oder Leim auf den Querstreben befestigt.
Schließlich fehlt nur noch der Anstrich. Wer die Pergola wie in diesem Beispiel gern weiß haben möchte, kauft am besten gleich weiß vorbehandeltes Holz. Das ist zwar etwas teurer als das übliche druckimprägnierte Material, doch der Grünton, der durch die Imprägniersalze verursacht wird, läßt sich mit sehr hellen Farbtönen nur schlecht überdecken. Und so verbraucht man an Farbe, was beim Holz an Geld gespart worden ist. Für alle dunklen Farben, egal ob deckend oder lasierend, eignet sich das druckimprägnierte Holz dagegen sehr gut.

Leisten im Format 4,5 × 2 cm bilden den oberen Abschluß der Kastenwände. Sie werden an den Ecken auf Gehrung gesägt und leicht überstehend aufgeleimt.

Die Mittelsprosse der Seitengitter besteht aus versetzt angeordneten Leisten, die vor dem Einbau verleimt und genagelt wurde. Sie ist von innen in den Kasten gesetzt.

Sprossen für das Gitter wurden aus Quadratleisten zugeschnitten und werden jetzt in den Falz der Mittelsprosse genagelt. Am Pfosten wurde eine Anschlagleiste angesetzt.

Zwei Bretter bilden die Mittelwand des Kastens. Der „Fensterrahmen" in der Mitte zwischen den geschlossenen Feldern wird am Boden gebaut und nur eingesetzt.

Ein romantischer Garten-

Auf den Beeten zu beiden Seiten des Weges wachsen Stauden und Kletterer, die die Lauben begrünen.

weg unterm Laubengang

Auch in einem kleinen Garten ist Platz für den Laubengang, der schon in wenigen Jahren begrünt das Grundstück eingrenzt.

Gartenwege müssen sein. Doch es ist nicht ganz einfach, sie in die Gartenanlage so einzubeziehen, daß sie nicht wie eine Trennlinie wirken. Eine der schönsten Lösungen für dieses Problem ist der Laubengang, der an der Grundstücksgrenze verläuft und mit Kletterpflanzen begrünt wird. Besonders sinnvoll ist er wie hier in Verbindung mit Sichtschutzwänden, die durch die Rankgitter weniger massiv wirken. So wächst mit den Jahren eine hohe Einfriedung heran, die Wind und unerwünschte Blicke abhält und einen schönen Hintergrund für bunte Staudenbeete und blühende Büsche bildet.

Die Rankgitter geben Kletterrosen, Klematis oder Geißblatt guten Halt. Solange die Pflanzen noch klein sind, können hier Hängetöpfe mit Geranien oder Hängelobelien angebracht werden. Die Zaunfelder zwischen den Lauben geben Wind- und Sichtschutz.

Jede der **Lauben** wird wie ein kleines Haus

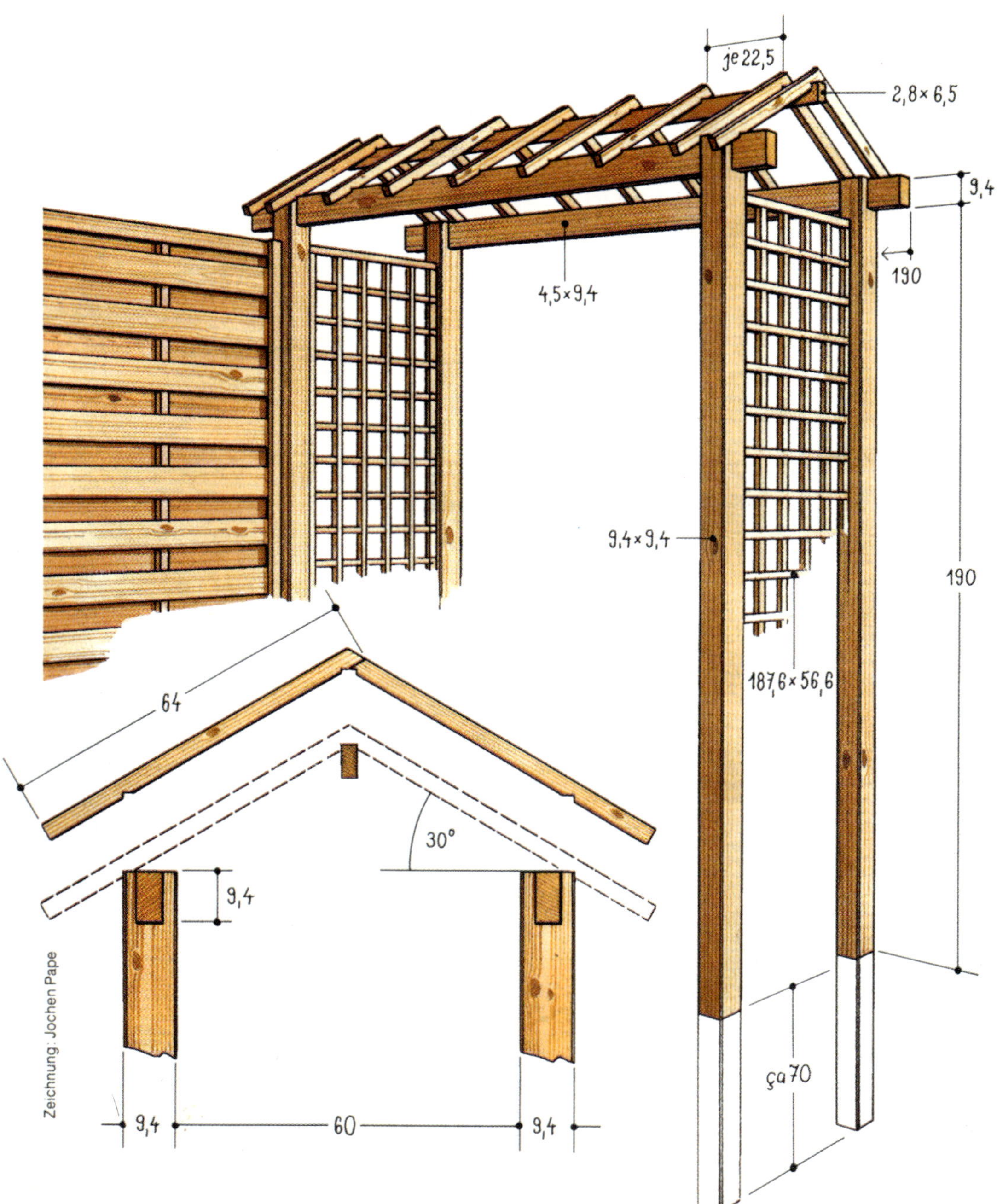

Die Maße der Hölzer sind durch das Baukastensystem, aus dem das Material stammt, vorgegeben. Wer anderes Holz kauft, kann sich danach richten.

Ein schmaler Streifen reicht aus

Gerade in kleinen Gärten darf kein Platz für Pflanzen verschenkt werden. Deshalb ist es sinnvoll, auch die Fläche zu nutzen, die der Gartenweg einnimmt. Das Grün wächst hier in die Höhe – eine gute Möglichkeit, auch Kletterpflanzen im Garten unterzubringen.
Der Laubengang nimmt nur zwei Meter Breite am Grundstücksrand in Anspruch. Um ihn wirklich direkt an die Grenze setzen zu können, sollte man sich aber mit dem Nachbarn verständigen. Vielleicht übernimmt er die Idee gern und baut einen entsprechenden Laubengang auf der anderen Seite des Zauns.
Das Baumaterial stammt aus einem Pergolabausatz, der nur montiert werden muß. Es ist aber ebensogut möglich, Pfosten, Sattelbalken und Dachsparren aus einem ganz normalen Gartenholzprogramm zusammenzustellen. Die Abmessungen der einzelnen Hölzer können aus der Zeichnung abgelesen werden. Sie müssen nicht millimetergenau übernommen werden, sollten aber etwa übereinstimmen, damit die Konstruktion stabil wird und jahrzehntelang hält.
Was an Gartenholz angeboten wird, ist in der Regel druckimprägnierte Kiefer. Dieses Holz hat eine sehr lange Lebensdauer, wenn es richtig verarbeitet wird. Sogar dauernder Erdkontakt schadet ihm nicht: Die Pfosten können direkt in den Boden eingegraben werden. Viele Fachleute empfehlen dennoch, das Holz mit Betonfundamenten und Pfostenträgern zu verankern. Solche Fundamente können selbst gegossen oder fertig gekauft werden. Wer den grünlichen Farbton des druckimprägnierten Holzes nicht mag, kann ihn mit farbiger Lasur abdecken.

Die Pfosten des Pergolabaukastens sind ab Werk oben geschlitzt. Die Querhölzer werden mit vorsichtigen Hammerschlägen eingetrieben und festgeschraubt.

Die Rankgitter, die es fertig zu kaufen gibt, werden an Winkelhaltern befestigt, die in die Pfosten geschraubt wurden. Sie sind wie die Schrauben wetterfest verzinkt.

Die Wasserwaage *ist eines der wichtigsten Hilfsmittel beim Aufstellen der Pfosten. Ob sie in einer Flucht stehen, kontrolliert man mit einer waagerecht gespannten Richtschnur.*

Zu zweit gelingt der Aufbau gut

Die Vorarbeiten für den Bau des Laubenganges kann einer allein problemlos erledigen: die Position des Laubenganges festlegen, Pfostenlöcher graben, Leistendreiecke für die Dachstühle bauen. Beim Montieren allerdings ist ein Helfer nötig, denn allein lassen sich die Pfosten nicht setzen und ausrichten, und auch die Zaunfelder kann man nur zu zweit handhaben und anschrauben.
Die Montage selbst nimmt dann nicht mehr als ein Wochenende in Anspruch. Wenn das Holz gestrichen werden soll, macht man das gleich nach dem Aufbau. Denn wenn erst die Pflanzen gesetzt sind, sind Pfosten, Rankgitter und Zaunfelder nicht mehr gut zu erreichen.

Die Zaunfelder *werden eingesetzt, wenn die Winkelhalter an allen Pfosten eingesetzt sind. Auch hier hilft eine Richtschnur, die Elemente auf gleiche Höhe zu setzen.*

Die Sparren *werden an der Spitze überblattet und verschraubt. Am unteren Ende der Hölzer werden Auskerbungen gemacht, damit die Sparren sicher auf den Querhölzern sitzen.*

***Leisten** mit einer Dicke von 2 × 4,5 cm werden für die Dachsparren gebraucht. Vor der Montage baut man die nötige Menge an Dreiecksteilen am Boden fertig.*

***Die Schraublöcher** in den schmalen Dachsparren müssen vorgebohrt werden, damit das Holz nicht aufplatzt. Anschließend schraubt man die Spaxschrauben ein.*

***Die Firstpfette** gibt dem Dachstuhl auf dem Torboden die nötige Stabilität. Sie wird mit sehr langen Schrauben von oben her befestigt. Auch hier wird vorgebohrt.*

***Die Pflanzlöcher** für Kletterpflanzen und Stauden gräbt man am besten 20 bis 30 cm von den Pfosten entfernt. Im ersten Jahr kann man gut einjährige Kletterer einsetzen.*

Schallschutz: Der

Mit Büschen und Blumenkästen wirkt die Wand längst nicht so massiv, wie sie eigentlich ist.

Lärm bleibt auf der Straße.

Der Straßenverkehr läßt sich nicht abschaffen, aber man kann die störenden Geräusche mit Schallschutzwänden aussperren.

Die Ruhe im Garten ist dahin, wenn ständig Lärm von der Straße oder einer Eisenbahnlinie in die grüne Oase eindringt. Das beste Mittel dagegen ist eine Wand aus massivem Holz, die die Geräusche reflektiert. Mit einer Schalldämmung bis zu 29 dB ist die hier gezeigte Wand äußerst wirkungsvoll. Noch dazu läßt sie sich leicht aufbauen, denn es gibt dafür ein komplettes System aus Pfosten und Pfostenkappen, Bohlen, Abdeckprofilen und Pflanzkästen.
Direkt nach dem Bau sieht die Wand noch sehr massiv aus. Doch wenn an beiden Seiten ein Streifen zum Pflanzen frei bleibt, verschwindet das Holz schon nach kurzer Zeit hinter Büschen, Stauden und Rankpflanzen, die an vorgesetzten Rankgittern emporklettern können. So läßt sich der Garten ungestört nutzen, auch wenn er an einer verkehrsreichen Straße liegt.

Die Wand als **Bausatz** kann der Straßenfront

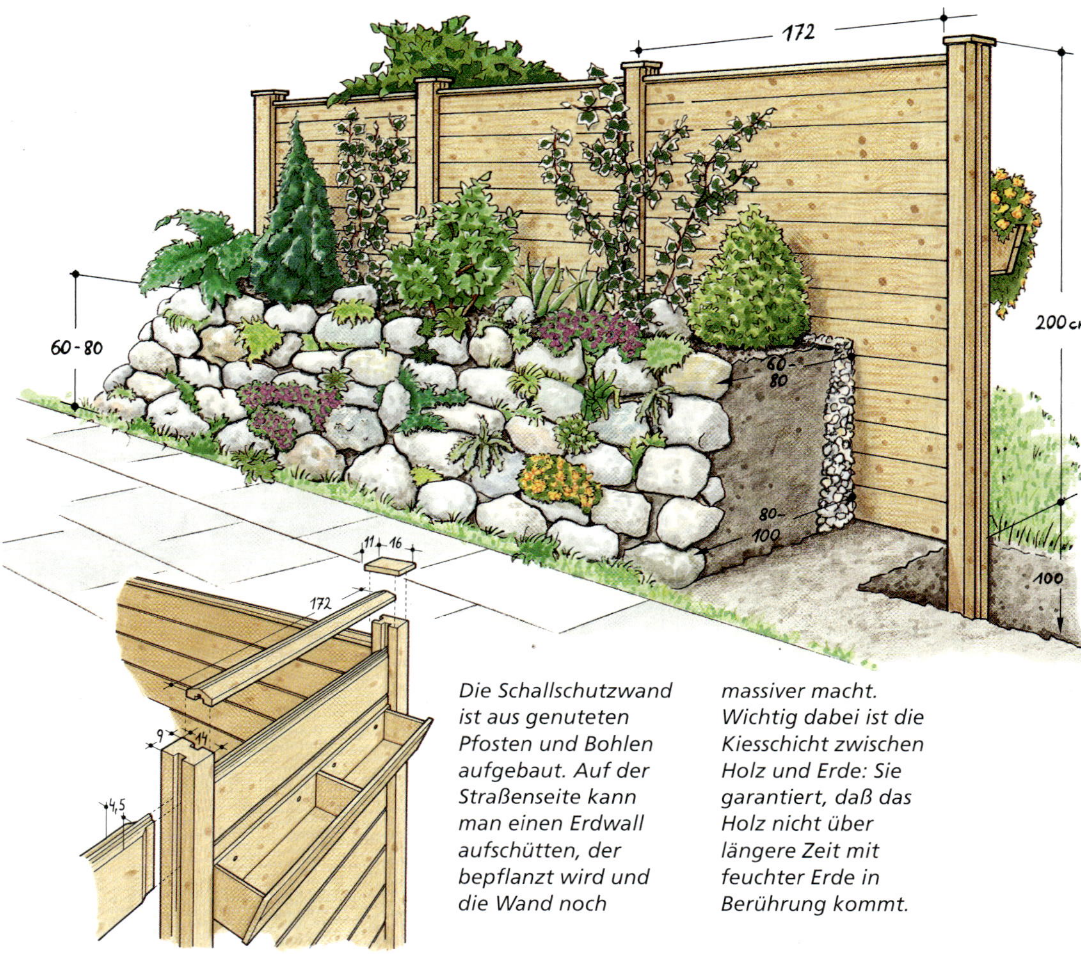

Die Schallschutzwand ist aus genuteten Pfosten und Bohlen aufgebaut. Auf der Straßenseite kann man einen Erdwall aufschütten, der bepflanzt wird und die Wand noch massiver macht. Wichtig dabei ist die Kiesschicht zwischen Holz und Erde: Sie garantiert, daß das Holz nicht über längere Zeit mit feuchter Erde in Berührung kommt.

***Pflanzkästen** mit einem Kunststoffeinsatz gibt es fix und fertig passend zum System. Sie werden zwischen den Pfosten eingehängt.*

***Pfostenlöcher** werden am besten mit dem Handbagger (Lochspaten) gegraben. Bei feuchtem Boden unten Kies einfüllen.*

mühelos angepaßt werden.

Fertigmörtel ist als Fundament praktisch, wenn die Pfosten direkt in relativ leichten Boden eingesetzt werden sollen.

Die Bohlen lassen sich einfach zwischen die Pfosten schieben. Die ersten Lagen werden sorgfältig mit Wasserwaage ausgerichtet.

Der Erdwall kann schon aufgeschüttet werden, wenn die Wand so hoch ist wie der Wall. Schichtweise wird der Kies mit eingefüllt.

Abdeckprofile schützen die Schnittkanten der Bohlen gegen Wasser, das auf der geraden Fläche stehenbleiben könnte.

Abdeckkappen auf den Pfosten verhindern, daß Wasser in das Hirnholz der Schnittfläche eindringt und das Material beschädigt.

Eckpfosten sind auf zwei Seiten genutet. Sollte kein rechter Winkel nötig sein, schneidet man eine Nut schräge nach.

Carport-Bausätze: worauf

beim Kauf zu achten ist

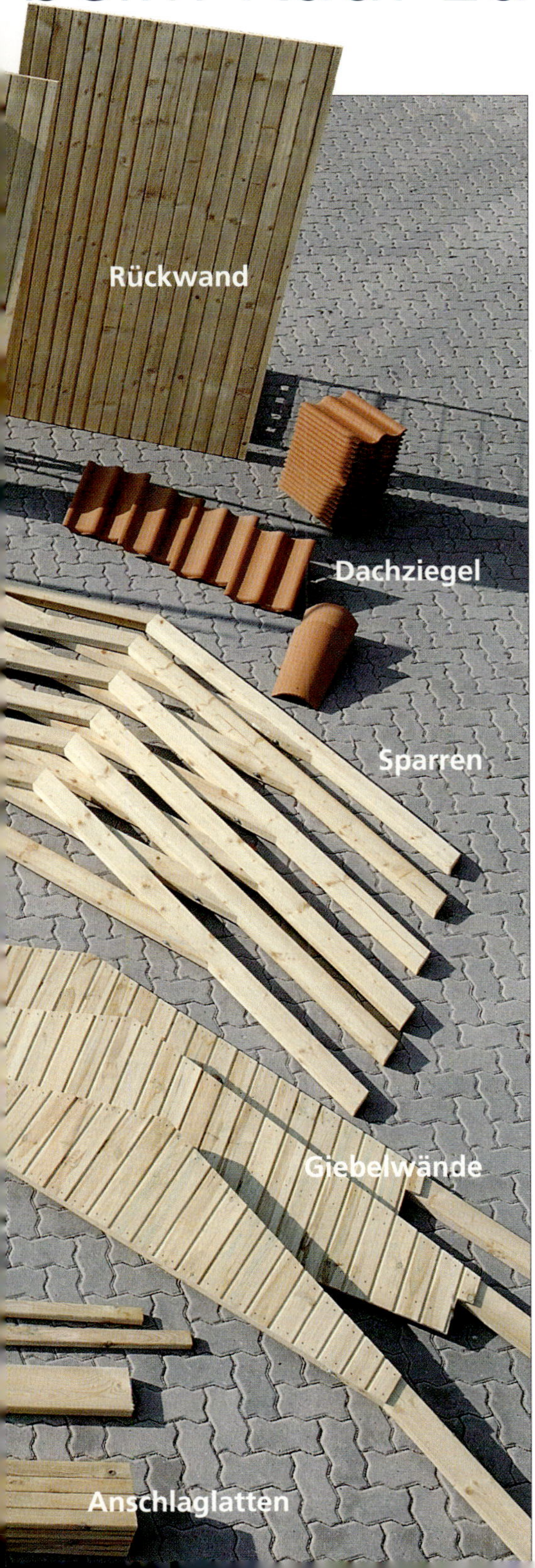

Preiswerte Carport-Bausätze werden oft angeboten. Doch viele sind ihr Geld nicht wert, weil sie nicht komplett oder schwierig zu montieren sind.

Wenig Aufwand für einen praktischen Unterstand, in dem das Auto regensicher und geschützt steht, versprechen die meisten Carport-Bausätze. Eigentlich geht es ja auch nur um ein Dach auf mehreren Stützen. Doch die bestimmen den Unterschied zwischen preiswert und billig. Wenn der Bausatz noch um Beschläge ergänzt werden muß oder so schlecht vorbereitet ist, daß der Aufbau mehr als doppelt soviel Zeit in Anspruch nimmt wie geplant, wenn es Probleme mit dem Bauamt gibt, weil keine brauchbare Statik mitgeliefert wurde, oder die nachträglichen Berechnungen wegen falsch dimensionierter Pfosten nicht genehmigt werden, dann haben sich ein paar Mark Einsparung nicht gelohnt.

Deshalb sollte man sich vor dem Kauf einen gründlichen Überblick über die zur Verfügung stehenden Bausätze verschaffen und dabei Details vergleichen. Sind die Pfosten aus Kern- oder Splintholz? Wie gut ist die Imprägnierung? Mit welchem Material ist das Dach eingedeckt? Liefert der Hersteller alle Unterlagen, die für die Baugenehmigung erforderlich sind? Nur wenn alle Fragen gleichermaßen positiv beantwortet sind, kann man sich guten Gewissens für das preiswerteste der in Frage kommenden Modelle entscheiden. Ausschlaggebend kann die Möglichkeit sein, nachträgliche Veränderungen vorzunehmen, z. B. die Verkleidung der Wände oder der Anbau eines Geräteraums.

Wichtige **Voraussetzungen** für den

Farbe verwandelt: Weiß gestrichen paßt der Carport von der Vorseite besser zum Wohnhaus.

Ein Wandelement wird probeweise eingesetzt, bevor die Pfosten endgültig lotrecht ausgerichtet und fixiert sind.

Eine Überblattung ist bei Sattelbalken notwendig, wenn der Carport überlang und mit einer angebauten Kammer ausgestattet ist.

Flachdach oder Satteldach?

Vom Charakter des Hauses und von den Anforderungen, die der Carport erfüllen soll, hängt es ab, was für ein Modell passend ist. Entscheidend ist dabei die Dachform: Carports mit Flachdach sind meist preiswerter, wirken aber neben kleinen Einfamilienhäusern mit Satteldach wie Fremdkörper. Anders kann das sein, wenn der Carport direkt ans Haus angelehnt und mit üppigen Kletterpflanzen begrünt wird: Er wirkt dann eher wie ein Laubengang und nicht so sehr als eigenes Bauwerk. Satteldach-Carports dagegen haben immer den Charakter eines kleinen Hauses und stehen am besten mit etwas Abstand zum Haus. Mit dicht geschlossenen Wänden und einem Geräteraum erfüllen sie fast die Anforderungen, die man an ein Gartenhaus stellt.
Formale Entscheidungen dieser Art sind weitgehend Geschmackssache. Anders die Wahl des Standorts: Hier gibt es regional unterschiedliche Regelungen über Grenzabstände, die eingehalten, und statische Voraussetzungen, die erfüllt sein müssen. Gibt es keine andere Möglichkeit auf dem Grundstück, als den Carport sehr dicht an die Grenze zum Nachbarn zu setzen, sollte man sich mit ihm über die Möglichkeit eines Doppel-Carports für beide Häuser unterhalten, zumindest aber seine schriftliche Einverständniserklärung zu den Bauantragsunterlagen hinzufügen.
Bei der Wahl des Standorts sollte auch gleich überlegt werden, ob eine Carportwand z. B. als Windschutz für die Terrasse mitgenutzt werden kann, ob ein späterer Anbau als Werkstatt, Spielhaus oder Anlehnwintergarten möglich sein soll. Gute Bausätze sind solide genug, um solche Umbauten zu tragen.

Bohrungen *in den Pfosten dienen als Führung beim Bohren der Sattelbalken. Geeignet sind sehr lange Spiralbohrer.*

Gewindebolzen, *Unterlegscheiben und Muttern, mit denen Sattelbalken und Pfosten verbunden werden, müssen verzinkt sein.*

Die Rückwandelemente *werden eingesetzt und verschraubt, wenn die zweite Reihe der Pfosten samt Sattelbalken montiert ist.*

Ein Zusatzpfosten wird für die vordere Wand der Kammer gebraucht. Seine Position wird nach Anpassen der Wand festgelegt.

Die Verbinder, mit denen Sattelbalken und Dachbinder zusammengehalten werden, sind mit vier gerillten Ankernägeln befestigt.

Der Giebelbinder an der offenen Carportseite ist bereits verbrettert und wird als letzter aufgesetzt. Damit ist der Dachstuhl fast fertig.

Am Anfang richtig maßnehmen

Ein Bausatz kann noch so gut sein: Wenn Umrisse und Pfostenpositionen nicht schon vor dem ersten Spatenstich exakt markiert werden, paßt später nichts richtig zusammen. Ein paar einfache Tricks helfen dabei aber weiter: Zunächst schlägt man an den vorgesehenen Endpunkten einer Längsseite Pflöcke ein, zwischen denen eine Richtschnur gespannt wird. Die kurze Seite liegt genau rechtwinklig zu dieser Linie, wenn ein Schnurdreieck angelegt wird, bei dem der lange Schenkel (an der Längsseite) 4 m beträgt, der kurze (an der Querseite) 3 m und die Diagonale zwischen den beiden Punkten 5 m. Ausgehend von diesem rechten Winkel können die beiden übrigen seiten mit Richtschnuren markiert werden.

Die Abstände, in denen Pfosten zu setzen sind, werden in der Bauanleitung genau angegeben. Am besten, der gesamte Bausatz wird vor Arbeitsbeginn ausgebreitet und entsprechend der Reihenfolge der Verarbeitung sortiert.

Die Pfosten können schon neben die geplanten Löcher gelegt werden. Um sie in einer Flucht auszurichten, orientiert man sich an der Richtschnur, die Lotrechte läßt sich mit der Wasserwaage kontrollieren. Bei gut vorbereiteten Bausätzen lassen sich fast alle Arbeiten allein erledigen. Nur zum Pfostensetzen ist ein Helfer unentbehrlich, der den Pfosten in seiner richtigen Position hält, bis er im Boden festgestampft oder im Pfostenträger verschraubt ist.

Mehrere große Schraubzwingen können den Helfer ersetzen, wenn die Sattelbalken montiert werden. Sie werden zunächst lose aufgelegt und ausgerichtet, dann mit den Zwingen festgespannt und verschraubt.

problemlosen Aufbau.

Wenn die Pfostenreihen stehen und mit Sattelbalken verbunden sind, setzt man die Wandelemente ein, die vor dem Fixieren der Pfosten probeweise angehalten worden sind und deshalb jetzt nur noch an Winkeln oder Elementhaltern festgeschraubt werden müssen.
Die Binder des Satteldachs sind an den Giebeln bereits montiert. Alle übrigen werden am Boden mit Sparrenankern versehen und müssen nur noch aufgesetzt und an den Sattelbalken angenagelt werden. Anschließend nagelt man auf jeder Dachseite ein Windrispenband diagonal auf, das die Konstruktion gegen Verwindungen sichert und aussteift.
Bei der Eindeckung mit Dachpfannen fehlen jetzt nur noch die Dachlatten, die in den angegebenen Abständen aufgenagelt werden. Dabei beginnt man mit den untersten Latten. Die Konstruktion ist so stabil, daß man auf dem Dach sitzend arbeiten kann. Es folgt die Blende, die die Sparrenköpfe verdeckt und als Auflage für die unterste Reihe Dachpfannen dient.

Wo Sie Informationsmaterial bestellen können

Der hier gezeigte Carport-Bausatz stammt von der Firma kwp Nordland Carport, Saseler Chaussee 211, 22393 Hamburg. Informationsmaterial über Carport-Bausätze verschicken aber auch folgende Firmen: OSMO Ostermann & Scheiwe, Hafenweg 31, 48033 Münster, W. Brügmann & Sohn, Postfach 728, 44147 Dortmund/Hafen, Plus Carports, Hamil Rath, Scheffelstraße 17, 22301 Hamburg.

Lattenstücke, die im richtigen Zwischenmaß ausgeklinkt sind, garantieren gleichmäßige Abstände der Dachlatten.

Die Giebelblende besteht aus zwei schmalen Brettern, von denen das gegen die Latten genagelte als Dachpfannenauflage dient.

Die Dachpfannen werden von unten nach oben aufgelegt. Jede vierte muß mit einem Sturmhaken gesichert werden.

Von einem Einfach-Carport

Der seitliche Anbau mit der Rankgitterwand schafft einen winkligen Grundriß, der interessant ist und Platz bringt.

zur Spezialanfertigung

Der Carport von der Stange ist preiswert und schnell gebaut, sieht aber oft langweilig aus. Kleine Anbauten geben ihm Charakter.

Sechs Pfosten und ein Dach machen einen Carport aus. Einen extrem einfachen allerdings, der nicht sehr interessant aussieht und auch wirklich nur als Unterstand fürs Auto taugt. Sehr gut eignet er sich allerdings als Kern eines Carports nach eigenen Plänen. Denn so preiswert wie durch einen guten Einfach-Bausatz kann man das Material nicht einzeln kaufen. Die Ergänzungen gibt es in jedem Baumarkt oder beim Holzhändler. Der Charakter des Carports läßt sich durch ein paar Sichtschutzelemente und einen Anbau mit Rankgittern schon komplett verändern, wie das Beispiel zeigt. Mit weiteren Pfosten, Pergolareitern oder Sattelbalken, Gittern oder Zaunfeldern läßt sich ein Laubengang zum Garten anschließen, Sicht- und Windschutz für die Terrasse integrieren oder ein trockener Platz für die Fahrräder schaffen.

Das Grundmodell des Carports erfüllt seine Funktion und ist ganz leicht nach eigenen Wünschen abzuwandeln.

Ein Richtbrett auf zwei gegenüberliegenden Pfosten ermöglicht die Höhenkontrolle der Pfosten mit der Wasserwaage.

Die Sattelbalken werden durch vorgebohrte Löcher mit dem Pfosten verschraubt. Ein kurzer L-Winkel gibt zusätzlich Halt.

Die Dachreiter werden vor der Montage nebeneinandergelegt, damit die L-Winkel bei allen an gleicher Stelle montiert werden.

Das Dachgefälle wird noch einmal überprüft, wenn der Rohbau steht. Die letzte Sparre ist wegen der Regenrinne etwas zurückgesetzt.

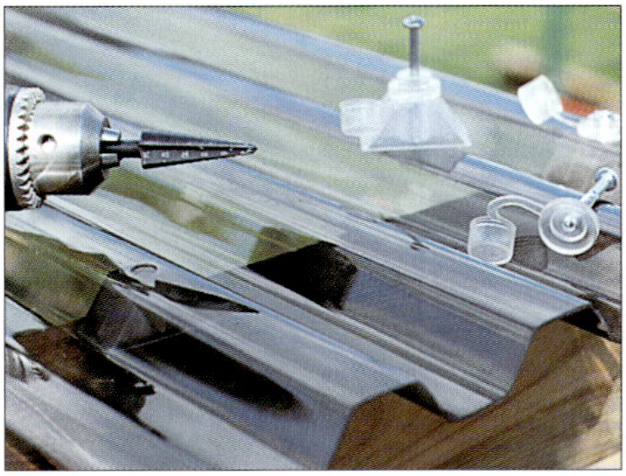

Kunststoffdachplatten mit Trapezprofil werden für die Verschraubungen vorgebohrt. Die Schraube sitzt immer auf einem „Berg".

Die Rinnenhalter werden im Abstand von 50 cm auf den Balken geschraubt und haben ein Gefälle von 2,5 mm pro Meter Dachrinne.

Charakter des Carports komplett.

Mehr Raum unter einem Dach

Nur zwei weitere Pfosten, ein Sattelbalken und Pergolareiter waren nötig, um einen zusätzlichen Raum unterm Carportdach zu schaffen. Einzige Voraussetzung: An der Seite, an der angebaut wird, muß die Blende geteilt und ein Stück am neuen Dach angesetzt werden. Außerdem sind die Dachsparren zu verlängern und zusätzliches Material zum Eindecken des Dachs zu besorgen.
Kanthölzer in den richtigen Abmessungen sind in der Regel dort zu bekommen, wo auch der Carport-Bausatz gekauft wurde. Einige Hersteller, die solche Bausätze anbieten, führen ein umfangreiches Gartenholzprogramm, in dem alle Bauteile aufeinander abgestimmt und in zueinander passenden Rastermaßen zu haben sind. Das macht die Planung und Realisierung natürlich sehr leicht. Sind keine passenden Hölzer zu bekommen, nimmt man im Zweifelsfall lieber das etwas stärkere und paßt es an den Ansatzstellen nach Bedarf an. Mit speziellen Beschlägen, die es für alle Holzkonstruktionen gibt, lassen sich auch ohne viel handwerkliche Erfahrung alle Verbindungen und Verlängerungen stabil bauen.
Viele Möglichkeiten ergeben sich durch unterschiedliche Zaunfelder, die als Wände eingesetzt werden. Zwei Beispiele: Wo sich der Carport möglichst gut in den Garten einfügen soll, sind Rankgitterelemente ideal, an denen winterharte Kletterpflanzen wie Knöterich und Geißblatt oder schnelle einjährige Ranker wie Winde oder Feuerbohne emporwachsen. Dichte Flechtzaunelemente dagegen können gleichzeitig als Wind- und Sichtschutz für die Terrasse genutzt werden, wenn der Carport an der passenden Stelle steht.

Die Dachreiter wurden um 105 cm verlängert. Beide Teile werden einfach mit Nagelblechen aneinandergesetzt.

Die Blende läuft um das gesamte Dach. Das Stück aus dem Bausatz wurde geteilt und zur Hälfte am Carport und am Anbau angebracht.

Der Anbau mit zusätzlichen Pfosten, Pergolareitern, umlaufender Blende und Rankgitter bildet optisch eine Einheit mit dem Carport.

Flechtzäune aus dem Baumarkt sind die preiswerteste Möglichkeit, die Wände wind- und blickdicht zu schließen.

Materialliste

1	4	Pfosten	9 × 9 × 240	26,–
2	1	Sattelbalken	12 × 4,5 × 3	30,–
3	5	Reiter	12 × 4,5 × 1,05	45,–
4	5	Nagelbleche	18 × 4	5,–
5	9	L-Winkel	4 × 4 × 4	5,–
6	4,5 lfd.m	Blende	12 × 2	17,–
7	3	Flechtzäune	180 × 180	je 50,–
8	1	Rankzaun	180 × 180	95,–
9	1	Dachplatten	109 × 300	75,–
10	25	Schrauben, Dichtscheiben, Abstandhalter		15,–

Mit geschlossenen Wänden statt Rankgittern wird der Anbau zum praktischen Unterstand fürFahrräder.

So wird es schön

Die breite, mit dunklen Schindeln gedeckte Blende nimmt die Farbe des Hausdaches auf und schafft so eine gute optische Verbindung.

hell unterm Carportdach.

Ein einfacher Bausatzcarport wird zum Luxusstellplatz für Auto und Gartengeräte. Der Aufwand ist gering, der Effekt enorm.

Einen trockenen Unterstellplatz für das Auto und einen mehr oder weniger geräumigen Abstellraum bietet fast jeder Carport. Doch ein Modell von der Stange paßt nicht immer gut zum Haus und kann auch nicht alle Wünsche der Benutzer erfüllen. In diesem Fall ging es darum, daß eine Wand gleichzeitig Sichtschutz für die Terrasse bieten und der Abstellraum durch einen Seiteneingang vom Garten aus zugänglich sein sollte. Außerdem war mehr Licht erwünscht – sowohl im Bereich des Stellplatzes als auch im Geräteraum.

Vom Garten aus zeigt sich eine leichte Holzwand, die mit Rankgittern aufgelockert ist.

Der einfache **Bausatz** ist ein solider Kern

Schön übersichtlich sind Gartengeräte und Möbel im Abstellraum untergebracht.

Verzinkte Gewindebolzen halten die Pfosten auf den Trägern. Vor dem Bohren müssen die Pfosten genau ausgerichtet werden.

Gewindehülsen in den Pfosten nehmen die Stangen auf, die von oben durch die überblatteten Balkenstücke geschraubt werden.

Schnell gebaut mit Fertigteilen

Die Kombination von Bausatz und eigenen Anbauten bzw. Variationen ist vor allem für nicht so geübte Bauherren ideal. Denn mit dem Bausatz kommt perfekt vorbereitetes Material mit allen erforderlichen Teilen ins Haus, mit dem sich ein statisch und konstruktiv solider Carport errichten läßt. Gerade wenn dafür eine Genehmigung notwendig ist (wie in einigen Gemeinden üblich), vereinfacht ein Bausatz die Sache erheblich, denn alle Hersteller liefern die notwendigen statischen Berechnungen mit.
Einige Maße lassen sich mühelos den örtlichen Gegebenheiten anpassen. Verbindlich sind nur die Abstände der Pfosten, die das Dach tragen und zwischen denen Zaunfelder in Standardrastermaßen eingesetzt werden. Der Grund: Die aus Einzelteilen bestehenden Balken werden jeweils über den Pfosten durch eine Überblattung mit einem Gewindebolzen zusammengehalten. Sollen die Abstände aus geändert werden, müssen die Balkenstücke entsprechend zugesägt werden.
Eine der Änderungen bei diesem Carport besteht darin, daß an der zum Garten liegenden Seite ein überdachter Gang geschaffen wird. Um den Platz dafür zu gewinnen, wurde ein extra breiter Bausatz genommen, bei dem eine Pfostenreihe um ca. 90 cm nach innen versetzt wurde. Nur der Abstellraum reicht über die volle Breite von 372 cm. Die statischen Werte für die Dachbelastung verändern sich durch das Versetzen der Pfosten nur unwesentlich. Das ist wichtig, wenn wie hier eine Dachbegrünung geplant ist. Informationen über den hier gezeigten PLUS-Bausatz gibt es von der Firma Hamil Rath, Scheffelstraße 17, 22301 Hamburg.

Der Rohbau für den Carport steht. Deutlich ist zu erkennen, daß die zum Garten weisende Pfostenreihe nach innen versetzt wurde.

Die Dachrinne liegt in Aussparungen am Ende der Sparren. Von außen wird ein Balken gegen die Sparrenblende gesetzt.

Die Blende aus wasserfestem Sperrholz, auf der die Schindeln liegen, wird auf Dreiecke genagelt. So entsteht die leichte Neigung.

***Der Kragen** für das Lichtband wird aus Rauhspundbrettern gebaut. Sie sind an Leisten geschraubt, die an den Sparren befestigt sind.*

***Die Stegdoppelplatten** werden in 120 cm lange Abschnitte gesägt und bekommen im Abstand von 30 cm drei eingefräste Nuten.*

***Mit Heißluft** wird die Platte so lange erwärmt, bis sie entlang der Nut von selbst abknickt. Unterlage dabei ist ein stabiler Tischbock.*

Gründach statt Profilplatten

Beim Dach des Carports wurde am meisten verändert. Statt der vom Hersteller gelieferten Eindeckung mit verzinkten und spezialbeschichteten Spundwand-Profilplatten ist ein Gründach angelegt worden, das mit einem breiten Lichtband aus Stegdoppelplatten durchzogen ist.
Da für die Begrünung eine ebene Dachfläche gebraucht wird, wurde der Bausatz ohne Dacheindeckung bestellt (Preisnachlaß!) und die Fläche mit 22 mm dicken, druckimprägnierten Nut- und Federbrettern/Rauhspund aus dem Baumarkt abgedeckt. In der Mitte blieb ein breiter Streifen frei, in den das Lichtband eingesetzt wurde. Für gute Anschlüsse sorgt ein Kragen aus Brettern (Winkel: 112,5°), an dem Stegplatten und Folie Halt finden. Dicht wird das Dach durch eine mehrschichtige Abdeckung aus Geovlies und Folie, die es extra für diesen Zweck gibt. Das Vlies wird lose und auf Stoß, die Folie darüber bahnenweise überlappend verlegt und verschweißt. Rund um die Öffnung wird die Folie am Brettkragen hochgezogen und angetackert. Perfekt wird der Dachaufbau, wenn darauf noch einmal Vlies gelegt wird, das die Folie schützt und als Dränage unter dem Pflanzsubstrat wirkt.
Das tunnelartige Lichtband wird am Boden geformt. Es sitzt auf einer gleich starken Leiste auf, die auf der Folie etwa 5 cm unterhalb des Kragenrandes aufgeschraubt ist; es wird mit einem Klemmset befestigt.
Dann folgt die Begrünung des Daches: Um Gewicht zu sparen, wird Blähton mit Pflanzerde gemischt und in einer etwa 10 cm dicken Schicht aufgebracht. In dieses Substrat setzt man die Pflanzen ein.

Am Kragen rund um die Öffnung wird die Folie hochgezogen und angetackert. Sie soll locker ohne Materialspannung liegen.

Ein U-Profil aus Alu-Blech deckt die obere Kante der äußeren Blende ab, auf der die Folie festgetackert wurde.

Das Klemmset, mit dem die Stegplatten befestigt sind, besteht aus einem untergelegten Band mit Gummilippen und einem Profil.

Die Stegdoppelplatten sind in 120 cm langen Stücken vorgeformt und werden auf dem Dach zusammengesetzt.

Silikon aus der Kartusche wird zwischen die Stoßstellen der Stegdoppelplatten gegeben, dann drückt man die Teile aneinander.

Die Wülste aus Silikon, die herausgedrückt worden sind, werden mit einem mit Spülmittel befeuchteten Finger glattgestrichen.

Im Bikeport stehen

Vom Roller bis zum Rennrad paßt alles in den maßgeschneiderten Unterstand.

die Fahrräder gut geschützt.

Das Auto steht in der Garage, aber für die Fahrräder gibt es meist keinen eigenen Unterstand. Es sei denn, Sie bauen sich dafür einen Bikeport.

Raus aus dem Keller, rein in den Keller: Besonders, wenn Kinder im Haus sind, die ihre Fahrräder oft benutzen, ist es ein ständiger Kampf, sie dazu zu bringen. Deshalb ist es praktisch, einen Unterstand zu bauen, in dem die Räder ihren festen Platz haben. Der Bau ist ganz einfach, und einen Standort dafür gibt es im Vorgarten neben der Einfahrt bestimmt. Die Kinder helfen beim Bau gern mit, weil es ja um ein Haus geht, das ihnen gehören wird. Besonders attraktiv wird das kleine Gebäude, wenn es auch noch Platz zum Putzen oder Reparieren der Fahrräder bietet. Unter dem transparenten Dach lassen sich auch Regentage für diese ungeliebten Arbeiten nutzen. Wenn genügend Raum vorhanden ist, kann der Unterstand auch noch rundherum einen festen Boden bekommen, auf dem die Räder sicher stehen. Ein großer Dachüberstand hält den Regen von den Wänden ab und schützt draußen stehende Räder vor Feuchtigkeit.

Der Bikeport hat einen weiteren großen Vorteil: Normalerweise sind Fahrräder im Rahmen einer Hausratversicherung mit abgedeckt. Das gilt aber nur, wenn das Rad nicht im Freien stand. Dagegen erstattet die Versicherung den entstandenen Verlust, wenn das Fahrrad aus dem Bikeport entwendet wurde. Einzige Einschränkung: Nachts zwischen 22 und 6 Uhr müssen die Räder verschlossen im Haus stehen.

Pfostenrahmen *mit unterschiedlicher Höhe sind Kern des Bikeports. Der Abstand der Pfosten ergibt sich aus der Breite der Zaunfelder.*

Die Sparren *werden entsprechend der Dachneigung etwas schräg ausgeklinkt. Mit der Stichsäge geht das sehr schnell.*

Auf den Sattelbalken *liegen die ausgeklinkten Sparren sicher auf und werden dort mit langen Spaxschrauben von oben befestigt.*

Die richtige **Größe** für den Bikeport wird nach

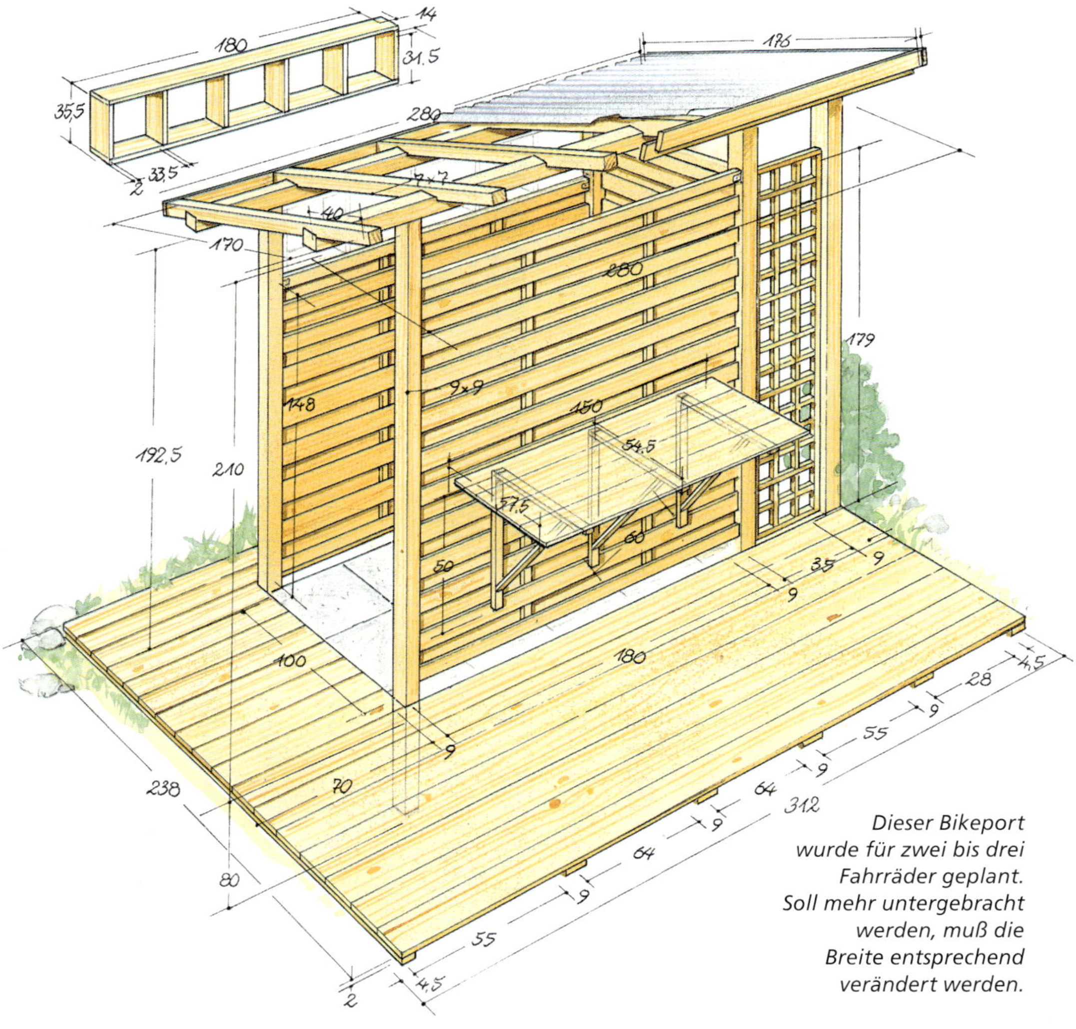

Dieser Bikeport wurde für zwei bis drei Fahrräder geplant. Soll mehr untergebracht werden, muß die Breite entsprechend verändert werden.

Ein stabiles Gebäude aus wetterfesten Pfosten und Zaunelementen

Das Baumaterial für den Bikeport gibt es in jedem Baumarkt. Der hier gezeigte Unterstand ist mit 1 m Breite für zwei bis drei Fahrräder berechnet. Sind mehr Räder unterzubringen, wird der Pfostenabstand der Querseiten einfach vergrößert. Das richtige Maß ergibt sich aus der Zahl der Fahrräder, die untergestellt werden sollen. Jedes Rad braucht so viel Platz, wie sein Lenker in der Breite einnimmt. Schließlich ist nichts ärgerlicher, als wenn sich die Fahrräder schlecht herausholen lassen, weil sie sich miteinander verhakt haben. Bei der Bemessung der Höhe sollte man von der Größe eines Erwachsenen ausgehen. Da die Zaunfelder, die als Wände eingesetzt werden, deutlich niedriger sind, bleibt oben ein Streifen frei. In der hinte-

der Zahl der Fahrräder berechnet.

ren Wand wurde hier ein kleines Regal für Fahrradhelme und anderes Zubehör eingebaut. Einzelne Fächer können auch mit Rückwand und verschließbarer Tür versehen werden, um darin Reparaturwerkzeug, Luftpumpen und vielleicht Ersatzschlüssel für die Fahrradschlösser zu verstauen.

Da Fahrräder eine ebene Standfläche brauchen, wurden hier einfache Gehwegplatten aus Beton ausgelegt. Sie bleiben im Raum unbedeckt, außen bekommen sie eine Beplankung aus geriffelten Bodenbrettern. Das ist nicht unbedingt nötig, sieht aber sehr viel schöner aus.

Der Bau geht ähnlich wie bei einem großen Carport vor sich: Zunächst wird die Position der Pfosten festgelegt, die Pfosten 60 bis 80 cm tief eingegraben oder mit Betonfundamenten bzw. Bodeneinschlaghülsen im Boden verankert, nachdem sie sorgfältig ausgerichtet worden sind. Zusammen mit den aufgeschraubten Sattelbalken bilden sie Rahmen, in denen die Zaunfelder mit L-Beschlägen befestigt werden. Die vorbereiteten Dachsparren werden nur noch aufgeschraubt, dann die Dachplatten verlegt.

Für den hier gezeigten Bikeport wird folgendes Material gebraucht:

Pfosten, 9 × 9 cm: 2 à 3, 5 à 2,7 m

Konstruktionshölzer, 7 × 7 cm: 3 à 3,6 m

Bodenhölzer, 2 × 14 cm: 20 à 3,6 m

Zaunelemente (je eins): 180 × 180 cm, 150 × 180 cm, 100 × 180 cm.

Rankgitter (eins): 35 × 180 cm

Gehwegplatten, 50 × 50 cm: 8 Stück

Dachplatten, 109 × 200 cm: 3 Stück

Spaxschrauben: 10 à 6 × 100, 200 à 3 × 35.

Dazu 12 L-Beschläge als Verbinder.

Eine Stirnseite wird mit einem schmalen Zaunfeld gefüllt, so daß der Bikeport an drei Seiten geschlossen ist.

Die Ablagefächer über dem niedrigeren Zaunfeld bestehen aus zwei langen und sechs kurzen, stumpf verschraubten Brettern.

Das Regal mit fünf Fächern ist zwischen den Pfosten eingesetzt und wird von innen seitlich und oben am Sattelbalken festgeschraubt.

***Die Dachplatten** aus Kunststoff lassen sich gut mit dem Fuchsschwanz schneiden, wenn sie zwischen zwei Latten geklemmt sind.*

***Die Bohrlöcher,** durch die die Platten mit dem Stirnbrett verschraubt werden, stellt man mit einem Schälbohrer her.*

Bikeport benutzen werden.

Arbeitstisch und stabile Haken

Bei der Ausstattung des Bikeports sind Extrawünsche willkommen. Deshalb sind die hier gezeigten Einbauten nur Vorschläge. Sehr praktisch ist auf jeden Fall der kleine Arbeitstisch, der hier fest montiert wurde, aber auch als Klapptisch gebaut werden kann.

Ebenfalls sinnvoll sind stabile Haken, an denen ein Fahrrad zur Reparatur aufgehängt werden kann. Auf dem Holzboden darunter oder auf dem Tisch kann das Werkzeug ausgebreitet werden, und es macht auch nichts, wenn mal eine Schraube hinfällt – sie ist hier leicht wiederzufinden. Beim Aufhängen muß allerdings ein Erwachsener helfen, denn die Haken müssen so hoch angebracht sein, daß das Rad frei hängt. Außerdem dürfen sie nicht im Weg sein, weil man sich daran verletzen könnte.

Für die Fahrradbenutzer überflüssig, aber dennoch praktisch ist die Nische hinter dem Rankgitter für eine oder mehrere Mülltonnen. Schnell wachsende Kletterpflanzen verdecken sie schnell.

Der Arbeitstisch *liegt auf Stützwinkeln, die fest an den Senkrechten des Zaunelements verschraubt werden.*

Ein Rankgitter *verdeckt den Raum hinter der geschlossenen Querwand. Hier können ein oder zwei Mülltonnen stehen.*

Stehhilfe fürs Fahrrad

Vor der Schule, am Schwimmbad, am Bahnhof: Überall findet man diese und ähnliche Fahrradständer. Die praktischen Ständer gibt es nicht nur für Kommunen, sondern auch im Eisen- und Fahrradhandel für Privatleute. Mit Dübeln am Boden verschraubt, erleichtern sie das Einstellen der Räder im Bikeport und schaffen die Möglichkeit, sie anzuschließen. Achtung: Es ist sicherer, das Fahrrad am Hinterrad anzuschließen, da das schwer auszubauen ist.

Stichwortregister

Fotografen: Ariadne Ahrens, Seite 86–91; Brügmann, Seite 18; Jalag-Syndication, Seite 16–18, 22, 23; Ferdinand Graf Luckner, Seite 50–55, 98–101; Marco Moog, Seite 44–49, 62–67, 102, 108–112, 120–125; Ostermann & Scheiwe, Seite 32–35; Freddy Peterburs, Seite 103–107; G. P. Reichelt, Seite 24–27, 28–31; Petra Stange, Seite 38–43, 68–85, 92–97, 114–119; Studio Bacmeister, Seite 12–15; Karin Vogel-Berensmann, Seite 24–27. **Zeichnungen:** Ostermann & Scheiwe, Seite 107; Jochen Pape, Seite 70, 94; Tillmann Straszburger, Seite 46, 52, 64, 76, 77, 81 ff, 88, 122.

60300–4

60301–2

60302–0

60303–9

60304–7

60305–5

60306–6

60307–7

60308–X

60309–8

60310–1

60311–X